ESSAI

SUR LA THÉORIE ET SUR L'HISTOIRE

DE

LA PEINTURE

CHEZ LES ANCIENS ET CHEZ LES
MODERNES.

ESSAI

SUR LA THÉORIE ET SUR L'HISTOIRE

DE

LA PEINTURE

CHEZ LES ANCIENS ET CHEZ LES MODERNES,

PAR

HIPPOLYTE FORTOUL.

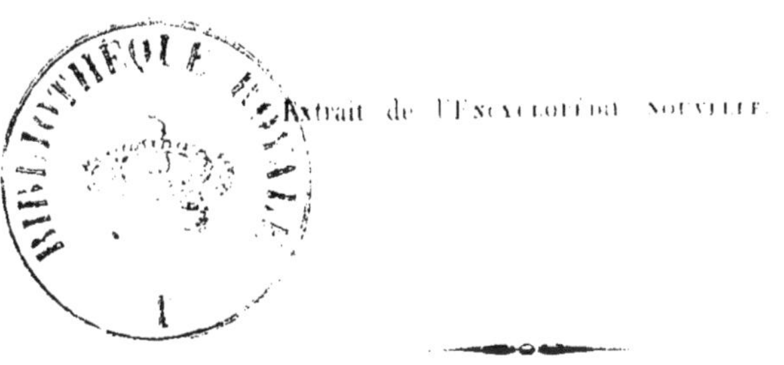

Extrait de l'Encyclopédie nouvelle.

PARIS.

IMPRIMERIE DE BOURGOGNE ET MARTINET,

RUE JACOB, 30.

1845.

ESSAI

SUR LA THÉORIE ET SUR L'HISTOIRE

DE

LA PEINTURE

CHEZ LES ANCIENS ET CHEZ LES MODERNES.

CHAPITRE PREMIER.

De l'Art.

PEINTURE est un mot dont il semble qu'on abuse beaucoup aujourd'hui. Si on entend désigner par ce mot un talent qui est naturel à notre espèce, et qui s'exerce encore de nos jours avec savoir et avec éclat, on n'exprime pas une fausse opinion ; mais si, en prononçant ce mot, on veut dire qu'il existe parmi nous quelque chose de semblable à un art, héritage sacré où les générations accumulent le trésor de leurs pensées et de leur vie, on se trompe étrangement. Je ne vois plus que des hommes qui, sans lien avec ceux qui les ont précédés, et sans songer à ceux qui leur succéderont, poussent un pinceau désespéré sur une toile inutile. Ce n'était pas ainsi que travaillaient les Maîtres, dans les siècles où chacun de leurs efforts ajoutait quelque perfection nouvelle à une invention continue qu'entretenait en commun la société tout entière. Les peintres qui, dans notre temps, ont un désir sérieux d'atteindre à la gloire de ces grands artistes, prouvent, même en suivant de près leurs exemples, qu'il n'est plus possible de refaire leur destinée. L'un , tenté par une des plus nobles ambitions que notre siècle puisse applaudir , veut recommencer Raphaël, derrière lequel déjà il cherche à retrouver Apelle; l'autre, moins austère , se propose de reproduire l'élégance et la dignité de Vandyck : celui-ci mélange ses couleurs comme on le pratiquait dans l'atelier savant des Carraches ; celui-là les assombrit et les charge comme faisait Rembrandt. On nous montre clairement par cette imitation que les plus beaux talents ne peuvent rien par eux-mêmes , et qu'a moins de s'attacher à un modèle connu, ils ne sauraient développer la puissance de création dont la nature les a doués. Mais les illustres artistes dont nos peintres suivent les traces n'étaient point obligés de chercher leur inspiration si loin d'eux ; au lieu de ces études dont la seule fantaisie décide, ils avaient une tradition vivante qui leur était livrée directement par leurs maîtres, qu'ils remettaient accrue à leurs élèves, et pour laquelle conspiraient tous les sentiments de leur temps. C'est cette tradition développée avec liberté , mais avec suite , qui constitue ce qu'on appelle véritablement l'art. Commençons par la définir.

CHAPITRE DEUXIÈME.

De la Tradition.

La tradition comprend les ressources que la nature fournit dans chaque climat, la manière dont l'homme s'en sert dans chaque société, le but auquel il les emploie dans chaque époque.

Ce n'est pas le goût seul de l'artiste qui décide du choix des couleurs. Les paysages que le peintre a sous les yeux lui offrent une force ou un mélange de tons qu'il imite nécessairement. La terre qu'il habite produit ou reçoit une certaine quantité de substances qu'il ne dépend pas de lui de changer. Ces substances sont ou des minéraux ou des végétaux qui ne se prêtent jamais à tous les usages, et qui veulent être mis en œuvre dans des cas déterminés, et d'une manière prévue. Voilà ce que la nature impose à l'artiste.

Par la manière de traiter les couleurs, le peintre relève déjà de la société, qui, suivant qu'elle sera plus ou moins avancée dans la carrière de l'industrie, lui fournira des substances plus ou moins choisies, et des méthodes plus ou moins variées ; c'est d'elle aussi qu'il reçoit les objets auxquels il doit appliquer ses couleurs, et qui en modifient encore l'emploi. C'est elle qui décide s'il les étendra sur des vêtemens, sur des meubles, sur des monumens. En lui donnant ainsi des cadres différens, elle le conduit à former nécessairement des lignes diverses. On ne saurait tracer les mêmes figures sur une robe flottante, sur un bouclier solide, sur de hautes murailles. Tous les arts, qui ne sont que les efforts différens de l'homme pour s'emparer de la nature, agissent donc sur la peinture, qui est destinée à les orner avant de rivaliser avec eux : lors même qu'elle s'en sépare pour produire des ouvrages qui semblent se suffire à eux-mêmes, elle est encore soumise à leur influence ; il faut qu'elle leur emprunte et les costumes, et les décorations, et les fabriques qui occupent une si grande place dans ses compositions ; elle garderait encore les proportions de ces arts, alors même qu'elle ne conserverait pas d'autre marque de leur puissance. Car, comme elle n'a point de dimensions par elle-même, elle est bien forcée d'emprunter le sentiment des mesures à ce qui a en soi de l'étendue. Voilà la dépendance où les arts utiles tiennent la peinture.

Le peintre n'a pas une plus entière liberté dans le choix et dans la composition des images qu'il forme. Chaque peuple est doué d'un certain génie qui est attaché à sa race, et qui préside à sa destinée. Ce génie qu'on voit apparaître dans les premiers mouvemens de sa société, et qui n'est peut-être que le retentissement de ses premières impressions, possède une autorité qui s'étend jusque sur ses dernières pensées ; il se révèle surtout par les œuvres des arts. C'est lui qui décide des arts où chaque nation porte son effort particulier, et du ton auquel elle les monte. Mais l'artiste, outre ce maître impérieux, en reconnaît d'autres encore. Selon les époques, il traite des sujets, ou fixés par la religion, ou déterminés par une volonté particulière, ou inspirés par l'opinion. Si c'est le prêtre qui ordonne, il impose à la fois l'idée, la disposition et la forme : si c'est simplement un dévot ou un seigneur qui commande, il donne l'idée et prescrit souvent la disposition ; si c'est l'opinion seule qui entraîne, elle détermine au moins encore l'idée et une certaine convenance générale. Que l'artiste emploie son pinceau à traduire des dogmes, ou à flatter des modes, il est également l'interprète des pensées de son siècle, et loin de s'avilir dans cette sujétion, il a, au contraire, d'autant plus de part au respect des hommes qu'il est un plus obéissant organe de leurs sentiments. Voilà la contrainte qu'exercent sur lui le souvenir que chaque société conserve de son origine, et le sentiment du but qu'elle se propose d'atteindre.

Tels sont les fondemens de la tradition ; elle se compose

de l'ensemble des nécessités auxquelles l'art est soumis. La nature donne au peintre les couleurs dont il peut se servir ; l'industrie, les méthodes pour les appliquer ; les arts utiles, les lignes dans lesquelles il doit les circonscrire ; l'histoire et la religion, les caractères divers qu'il doit tracer par leur moyen. La tradition est un certain choix fait parmi ces données ; elle est établie, lorsque, par cette option, est constitué un système de formes régulièrement transmis par l'enseignement. Mais, avant de voir comment ces systèmes se fondent, il faut examiner plus attentivement chacun des éléments qui concourent à leur formation.

CHAPITRE TROISIÈME.

Des Couleurs.

Le ciel, qui se montre si différent en Orient et en Occident, communique aux hommes qui habitent ces deux régions une manière diverse d'entendre les couleurs. En Asie, on a toujours fait usage des plus tranchées; en Europe, on s'est peu à peu formé à n'aimer que celles qui, mêlées et fondues, présentent les nuances les plus capricieuses. Sous un soleil brûlant, le regard ne distingue que ce qui en rappelle ou en brise l'éclat; sa flamme vive, l'azur où elle brille, les herbes et les eaux qu'elle baigne, le jour qu'elle produit, la nuit d'où elle s'échappe, se répètent naïvement dans les ouvrages des peuples qui sont fortement frappés par leurs oppositions. Le rouge, le jaune, le bleu, le vert, le blanc, le noir, s'y montrent seuls et par tons entiers. Au contraire, dans des pays où la lumière ne paraît ni si pure, ni si ardente, où les nuages la voilent souvent et l'altèrent presque toujours, l'œil, habitué à des mélanges singuliers, qui tour à tour le fatiguent et le reposent, demande qu'on les reproduise dans les œuvres de l'art. Les couleurs fondamentales disparaissent alors pour faire place à toutes les teintes qui peuvent naître de leurs combinaisons infinies.

L'idée que les Orientaux, et les peuples formés par eux, attachaient aux couleurs primitives, a sans doute contribué à en prolonger l'emploi. Le rouge, qui semblait être un rayon emprunté au soleil, fut consacré par le culte de cet astre, et après avoir servi à marquer les Dieux, dut devenir le signe des rois. A Rome, dans certains jours de fête, on peignait encore de vermillon la statue de Jupiter capitolin; avant de se vêtir de pourpre, les chefs des peuples en teignaient leurs corps. Les princes éthiopiens se tatouaient ainsi; et lorsque Camille reçut les honneurs du triomphe, il était encore d'usage chez les Romains que les triomphateurs se barbouillassent de la même couleur (1). Le jaune, qui paraissait un affaiblissement de la lumière, échut aux races dégradées et asservies. Humphry Davy, qui a soumis à l'analyse de la chimie les couleurs des peintures antiques, a bien remarqué que dans ces substructions des bains de Titus qui avaient fait partie de la maison de Néron, les chambres des maîtres étaient peintes en rouge, celles des esclaves en jaune; et il n'y a pas long-temps que dans la Rome chrétienne, les Juifs étaient encore contraints à porter un bonnet jaune, comme un signe de leur infériorité. Le bleu et le vert ont toujours été plus particulièrement consacrés à représenter les objets naturels; et les Chinois qui donnent tant à la nature, et qu'on dirait destinés à jouer éternellement avec elle, semblent aussi se servir de ces deux couleurs, avec une prédilection marquée, dans les poteries par lesquelles nous pouvons surtout juger de leurs arts.

Outre la force des symboles, la richesse même du sol maintenait chez les Orientaux l'usage de leurs belles couleurs tranchées: leur terre produit les substances d'où elles sortent toutes vives. C'était de l'Orient qu'on apportait en Grèce et à Rome ce cinabre qu'on disait formé de la sanie du dragon écrasé sous l'éléphant expirant (2), et qui paraît n'avoir été que le suc des palmiers. La *rubrica*, ocre rouge, qu'on employait dès le temps d'Homère à peindre les vaisseaux, était une terre qu'on trouvait dans l'Asie-Mineure, dans l'Égypte et dans la Libye; la sinopide, qui la remplaçait dans la peinture des colonnes et des monumens, avait pris son nom d'une ville de Cappadoce, et se trouvait aussi en Asie et en Afrique; une autre terre de la même couleur, la sandaraque, était recueillie

---

(1) Plin., *Hist. nat.*, lib. XXXIII, c. 36.

(2) « Saniem draconis elisi elephantorum morientium pondere, » permixto utriusque animalis sanguine. » (Plin., *Hist. nat.* lib. XXXIII, c. 38.)

8

sur les bords de la mer Rouge (1). Le *minium*, qui succéda à toutes ces couleurs, et qui était plus éclatant et
plus précieux, fut découvert en Ionie, dans les mines d'argent d'Ephèse, au commencement du quatrième siècle,
avant l'ère chrétienne ; le *purpurissum*, qui le disputait
au *minium* pour la cherté et pour la noblesse, était composé avec le sang des mollusques qu'on pêchait sur les ri-
vages de la Méditerranée (2). Les Orientaux possédaient
les autres couleurs dans des substances non moins écla-
tantes : parmi les jaunes, l'orpiment se trouvait en Syrie
sous la forme minérale ; parmi les verts, l'*arménium* était
une pâte faite avec les terres d'Arménie ; parmi les bleus,
l'*indicum*, qui est notre indigo, était déjà le produit connu
d'une fécule indienne ; et le *cœruleum*, que le moyen-âge
a marqué du nom d'outre-mer, était aussi, je crois, ce bel
azur fait des débris du lapis-lazuli, qui se rencontre dans
l'Asie-Mineure, dans la Perse et surtout dans la Chine.

L'Occident n'est point aussi riche. La Grèce empruntait ses couleurs à l'Ionie, qui semble lui avoir transmis en
même temps la pratique des arts. Sous les Romains, le
golfe de Naples, où affluaient les productions de l'Asie et
de l'Afrique, vit s'élever des fabriques qui traitaient quelques minéraux importés ou indigènes. On y composait un
bleu artificiel, connu sous le nom de fritte de Pouzzoles ;
c'est dans les mêmes lieux qu'étaient établies les teinture-
ries où l'on faisait le *purpurissum*, en plongeant la craie
dans les chaudières pleines du sang des janthines. Nar-
bonne possédait aussi des ateliers dont les teintures étaient
célèbres. L'Espagne est renommée pour avoir fourni aux anciens, avec les métaux de ses mines, des produits qui rem-
placèrent même quelques unes des plus rares couleurs de
l'Orient ; mais de ces fabriques ou de ces mines qui lui ap-
partenaient, l'Europe, à ce qu'il semble, ne sut plus tirer
aucun parti pendant le moyen-âge ; elle continuait toutefois à cultiver la garance, que les Anciens avaient connue
sous le nom de *rubia*, et à laquelle elle donna alors celui

(1) Plin., *Hist. nat.*, lib. XXXV, *passim*.
(2) Ferd. Hoeffer, *Histoire de la chimie*, 1842, t. 1er.

de *verentia*, *varantia*, comme pour dire que c'était la seule couleur vraie, et non dérivée, qu'elle pût produire. Elle recevait la plupart des autres du Levant; en appliquant particulièrement à l'azur le nom d'outre-mer, elle signifia que c'était celle des couleurs étrangères qu'elle estimait et qu'elle employait le plus. L'outre-mer fut en effet pour le moyen-âge et pour la renaissance ce que le *minium* avait été pour l'antiquité. Pline raconte que les peintres à qui on fournissait le *minium* le volaient en laissant tomber dans l'eau la précieuse substance attachée au pinceau qu'ils faisaient semblant d'humecter (1). C'est de la même manière que Pérugin faisait tomber dans son godet l'outre-mer du prieur des Jésuates dont il voulait punir l'avarice (2). Je ne sais si le ciel, que les chrétiens figuraient souvent, et les voûtes de leurs églises où ils en représentaient l'image, n'ont pas beaucoup contribué à faire succéder ainsi l'azur à la pourpre. Cette substitution est un des traits qui caractérisent le plus l'art moderne.

Depuis quarante ans la chimie a fait des prodiges, qui semblaient devoir nous rendre toutes les belles couleurs que possède l'Orient; elle est même parvenue à remplacer, par la main de l'un de ses maîtres les plus heureux (3), ce bleu que nos peintres n'étaient plus assez riches pour faire venir d'outre-mer. Mais, soit que l'art même, dans ses plus beaux triomphes, doive toujours montrer sa faiblesse, soit que les peintres n'aient point su s'en approprier les secrets, toutes nos découvertes n'ont encore servi qu'à affaiblir l'éclat de nos peintures et à le rendre plus sujet au changement. Les artistes qui, chez les anciens, rece-

---

(1) « Et alio modo pingentium furto opportunum est, plenos » subinde abluentium penicillos : sidit autem in aquâ, constat » que furantibus. » (Plin., *Hist. nat.*, lib. XXXIII, c. 3o.

(2 Voyez dans Vasari le récit piquant de cette anecdote, où se trouve l'une des meilleures preuves de l'honnêteté souvent contestée de Pérugin.

(3) Au commencement du siècle, M. Thénard a trouvé le moyen de faire avec le cobalt une couleur bleue qui a les apparences de l'outre-mer; et depuis lors, par d'autres combinaisons, l'imitation de ce précieux minéral a été poussée plus loin encore.

vaient de la terre les couleurs toutes faites, qui, à la renaissance, apprenaient dans l'atelier à les mêler eux-mêmes, en abandonnent aujourd'hui la composition à des manipulateurs dont le savoir leur inspire une aveugle confiance, et ne peut cependant suppléer à la nature. C'est ainsi que, trahis par un climat avare, ils sont encore dépourvus des secours que leurs prédécesseurs trouvaient dans une éducation plus complète et mieux dirigée.

CHAPITRE QUATRIÈME.

Des Méthodes.

L'art varie dans la manière d'appliquer les couleurs comme dans leur choix. La méthode la plus simple et la plus ancienne paraît être celle de les étendre avec le pinceau, après les avoir délayées dans l'eau. Si on mêle de la gomme ou de la colle à l'eau où elles sont délayées, on les rend plus solides et plus vives ; cette méthode, qu'on appelle la peinture en détrempe, paraît avoir été employée pour orner les temples de l'Egypte et de l'Etrurie : au seizième siècle, elle était encore appliquée aux tableaux de chevalet. Il n'y a pas de doute que les Egyptiens ne mêlassent aux couleurs d'autres substances qui en renforçaient ou en modifiaient l'effet naturel ; comme les peintures qu'ils traçaient quelquefois sur la pierre la plus dure, y ont pénétré assez profondément, on a été forcé de conclure qu'ils les y fixaient par des mordants très vifs ; Pline prouve d'ailleurs qu'ils avaient une chimie fort avancée, lorsqu'il raconte, qu'après avoir préparé leurs étoffes par des réactifs, ils pouvaient, en les plongeant dans une seule teinture, les empreindre de couleurs et de figures différentes. Tout porte à croire qu'un peuple qui possédait des connaissances aussi étendues avait dû s'assurer que les couleurs, appliquées sur un mur fraîchement enduit à la chaux, s'y incorporaient d'une manière durable, pourvu qu'on sût choisir celles que la chaux ne repousse point ; et on a pensé que quelques unes de leurs peintures étaient de véritables fresques.

Les Romains, qui ont reçu les arts de la Grèce, nous ont fait connaître les méthodes de leurs maîtres. La peinture en détrempe devait être la plus commune parmi les

Grecs. Pline parle d'un procédé un peu différent dont ils ont dû user, et qui consistait à mêler du blanc d'œuf aux couleurs pour leur donner de l'éclat (1). Cette peinture à l'eau d'œuf, transmise ou renouvelée à l'époque de la renaissance, a communiqué un aspect singulièrement brillant à quelques tableaux de la vieille école flamande, et, s'il en faut croire les récits qu'on m'a faits, surtout à ceux d'Hemling. Il est aussi incontestable que les anciens ont pratiqué la peinture à fresque; c'était sans doute par cette méthode qu'on avait orné à Sparte les murailles que Varron faisait scier et transporter en Italie pendant son édilité : les murs d'Ardée, couverts de peintures plus anciennes que Rome, et fraîches encore quoique exposées à découvert, ne pouvaient avoir été peints qu'à fresque (2). Pline indique probablement le choix que ce genre commande de faire parmi les couleurs, lorsqu'il signale celles qui peuvent être employées avec la craie, et se refusent à être étendues sur un enduit humide (3).

Mais les Grecs passent pour les inventeurs d'une autre manière de peindre, que nous appelons encore aujourd'hui encaustique, du nom qu'ils lui ont donné ; comme son nom l'indique, cette peinture s'achève par l'action du feu. Cependant Pline distingue une peinture à l'encaustique où il semble que le feu n'ait point de part. C'est celle dans laquelle le cestre, espèce de poinçon, traçait des figures sur l'ivoire, ou sur le bois teint préalablement d'une certaine couleur; mais il est possible qu'on employât le feu à cette teinture, à moins qu'on n'ait appliqué le nom d'en-

(1) « Pingentes sandyce sublita, mox *ovo* inducentes purpurissum, fulgorem minii faciunt. Si purpuram facere malunt, » cœruleum sublinunt, mox purpurissum ex *ovo* inducunt. » (Plin., *Hist. nat.*, lib. XXXV, c. 26.)

(2) « Exstant certe hodieque antiquiores Urbe picturæ. Ardeæ in ædibus sacris, quibus equidem nullas æque demiror tam » longo ævo durantes in orbitate tecti, veluti recentes. » (*Ibid.*, c. 6)

(3) « Ex omnibus coloribus cretulam amant, udoque illini re » cusant, purpurissum, indicum, cœruleum, melinum, auripigmentum, appianum, cerussa. » (Plin., *Hist. nat.*, lib. XXXV, c. 31.)

caustique à une peinture faite avec le cestre , par l'analogie qu'avait cet instrument avec le stylet dont on se servait dans celles où le feu était employé. En effet, l'encaustique se pratiquait d'abord au moyen de stylets qu'on tenait chauds sur des brasiers, et dont la pointe portait sur la muraille des cires colorées , étendues ensuite par la partie large de l'instrument dans les contours figurés à l'avance. Le besoin produisit une troisième espèce d'encaustique : comme la cire unie aux couleurs les préservait de l'atteinte de l'eau et du sel , on chercha les moyens d'en appliquer facilement les mélanges à la peinture des vaisseaux ; on imagina de faire liquéfier au feu les cires colorées qu'on pouvait ainsi étendre vite avec le pinceau. Ce procédé rapide passa de l'industrie à l'art. Il y a un quatrième genre d'encaustique, dont Millin n'a rien dit (1), et qui consistait à mettre sur les murailles peintes un vernis de cire punique, puis à leur présenter des réchauds qui leur faisaient rendre leur humidité , et devaient aussi opérer une certaine fusion de la cire et des couleurs. La peinture sur verre est bien encore une cinquième sorte d'encaustique , puisque c'est le feu qui ouvre les pores de ce corps pour y faire pénétrer les couleurs. Celles des peintures à l'encaustique où l'on employait la cire avaient l'avantage non seulement de défier l'humidité , mais encore de donner aux couleurs quelque chose de l'empâtement brillant et doux des modernes, et, en permettant les retouches, de communiquer au dessin plus de finesse et de précision. Elles constituaient donc chez les anciens comme un genre perfectionné qui pouvait mieux que les autres s'approcher de la nature.

Les Romains, qui suppléaient à la délicatesse par la magnificence , avaient conçu quelque dédain pour ces poussières et ces cires colorées , matières vulgaires et périssables dont les Grecs faisaient leurs chefs-d'œuvre. Ils voulurent peindre d'une manière plus riche et plus durable : ils employèrent les pierres précieuses, à la place des couleurs; non contents, au rapport de Pline, de couvrir leurs

____

(1) Dictionnaire des Beaux-Arts.

murailles des substances les plus rares, ils découpèrent le marbre, pour y faire des incrustations qui imitaient les contours et les couleurs des choses et des animaux (1). Cette espèce de mosaïque, qui se perpétue à Florence, fut ou précédée ou suivie par celle qui se formait de petits dés égaux de pierre, jetés, comme les coups différents du pinceau, sur un dessin arrêté. Quand on trouva que la nature ne fournissait point des pierres d'une teinte assez vive, on colora au feu de petits dés de verre, avec lesquels les chrétiens continuèrent à composer ces mosaïques, que Domenico Ghirlandajo appelait une peinture pour l'éternité.

Pendant le moyen-âge, il paraît qu'on ne conserva des peintures opérées par le moyen du feu que la plus difficile, celle qui se faisait sur les verres. On peignait les tableaux en détrempe, les murs à fresque; mais il se glissa peu à peu dans l'art une méthode qui devint pour les modernes ce que l'encaustique avait été pour les anciens: au lieu de la cire, on mêla l'huile aux couleurs. La fresque, en les jetant sur des ciments frais, les associe à leur durée, mais les abandonne à leur action: la cire et l'huile, en se combinant avec elles, en font au contraire des corps indépendants, et permettent d'en calculer sûrement l'effet, et de le varier à loisir. Aussi se sont-elles toujours prêtées davantage à une imitation finie de la nature, tandis que la fresque, plus éloignée d'une exacte ressemblance, offre des représentations d'un genre plus absolu et plus grand.

(1) « Nec tantum ut parietes toti operiantur, verum et inter-raso marmore, vermiculatisque ad effigies rerum et animalium crustis. » (Plin., *Hist. nat.*, lib. XXXV, c. 1.)

CHAPITRE CINQUIÈME.

Des Objets.

L'art varie encore selon la forme des objets auxquels on applique les couleurs. Si l'architecture et la sculpture ont partout subordonné leurs contours au genre des matériaux dont elles ont disposé, plus pesantes lorsqu'elles ont employé des pierres d'une masse considérable et d'un grain serré, plus élégantes quand elles se sont servies de marbres délicats, la peinture, moins libre, a dû modifier ses lignes suivant la place où elle était appelée à les tracer, et qu'elle n'a point toujours choisie elle-même comme elle fait aujourd'hui. Donnez à l'architecte et au sculpteur une carrière, ils en tireront tout ce qui leur sera nécessaire pour élever leurs ouvrages sur la terre nue. Donnez au peintre des couleurs, il ne saurait en faire usage si, dans l'espace vide, vous ne lui fournissez encore un objet préparé pour les recevoir. Aussi peut-on dire que son art n'existe point de soi-même, et se trouve, vis-à-vis des autres arts, dans une dépendance dont il porte toujours les marques, alors même qu'il pense avoir le mieux établi sa liberté.

Dès la plus haute antiquité les Orientaux ont appliqué la peinture au costume de l'homme. Les robes des Phrygiens, peintes à l'aiguille (1), sont peut-être les plus anciens modèles que les Grecs aient vus de cet art. Sur ces robes, faites pour être drapées, la main de l'ouvrier eût vainement représenté des sujets vrais, que les plis auraient rendus méconnaissables : aussi faut-il croire qu'elle y traça,

(1) « Acu pingere vestes Phryges invenerunt ideoque Phrygiones appellati sunt. » (Plin., *Hist. nat.*, lib. VIII, c. 48.)

dès l'origine, ces ornemens sinueux et fantasques, que les habitans de la vallée de Cachemyre dessinent aujourd'hui sur les châles de nos femmes, et qui furent sans doute le commencement des arabesques. L'Inde, qui avait peut-être appris leur art aux Phrygiens, le perfectionna en imprimant des dessins coloriés sur des toiles tissées, répandues dans l'empire romain dès le temps d'Auguste, et imitées par nous aujourd'hui sous leur vieux nom d'indiennes (1). S'il faut en croire un passage d'Hérodote (2), au cinquième siècle avant l'ère chrétienne, les Egyptiens savaient déjà peindre les étoffes en les tissant ; on sait qu'ils imitèrent les toiles imprimées de l'Asie, et qu'au lieu des fleurs capricieuses, ils y figuraient leurs animaux chimériques, ainsi portés par le commerce, du seuil de leurs temples jusque sur les comptoirs les plus reculés de l'Europe. Dans les fabriques qui s'établirent en Syrie, sous les Romains, pour rivaliser avec celles d'Alexandrie, et qui survécurent à l'invasion arabe, on imprimait, au quatrième siècle, sur les toiles destinées à vêtir les chrétiens, la vie du fondateur de leur religion. Les guerres des iconoclastes durent briser les métiers qui, dans le reste de l'empire, avaient pu suivre l'exemple de ces manufactures ; les toiles couvertes de monstres continuèrent, au contraire, à avoir un grand cours pendant le moyen-âge (3) ; elles fournissaient des modèles communs que les sculpteurs répétaient fréquemment sur la porte des églises (4).

Les anciens peignaient aussi leurs armes. Ils y avaient d'abord gravé des dessins, devenus de bonne heure très compliqués, comme le prouve suffisamment la description qu'Homère a faite du bouclier d'Achille. Plus tard, si l'on s'en rapporte aux annotateurs de Virgile, les écus furent recouverts de toiles qui recevaient des peintures ; ceux des

(1 Voyez des détails curieux sur ces étoffes, dans l'histoire de la gravure, par M. Emeric David.

2) Lib. III, c. 47.

(3) M. Michelet s'en est peut-être trop étonné au t. IV, p. 3 de son Histoire de France.

(4) Les plus curieuses imitations sont celles de St-Jacques-des-Ecossais à Ratisbonne.

héros, chez les Grecs, portaient ordinairement un aigle, mais ils pouvaient être ornés de sujets plus variés. Sur la face intérieure du bouclier de la Minerve de Colotès, le frère de Phidias, Panœnus, avait peint le combat des Athéniens contre les Amazones. Chez les Romains, les vétérans se distinguaient des conscrits par les figures dont ils couvraient leurs boucliers. Végèce nous apprend, du reste, que dans chaque cohorte, on peignait un signe particulier sur l'écu des soldats, comme dans nos régimens on marque aujourd'hui un numéro sur une autre partie de leur armure. Au rapport de Pline, les boucliers des patriciens, ornés de portraits, étaient quelquefois consacrés dans les temples, où ils formaient des généalogies parlantes (1). Indépendamment des écus, toutes les autres pièces de l'ajustement militaire paraissent avoir été peintes chez les anciens, comme il est facile de s'en convaincre par les passages de leurs auteurs, dont Junius a fait une compilation, malheureusement incomplète et trop dépourvue de critique (2).

Les meubles aussi étaient peints dans l'antiquité. Le scoliaste d'Aristophane parle de peintures faites sur les lampes ; Virgile, de celles qui étaient sur les lits (3) ; Pline, de celles dont les Egyptiens ornaient leurs vases d'argent (4). Pausanias décrit longuement le coffre où avait été caché Cypsélus, le tyran de Corinthe, et que ses enfans avaient consacré à Jupiter : c'était un véritable bahut de bois de cèdre, décoré de petites figures, les unes en ivoire, les autres en or, les autres sculptées dans le bois même, de manière à produire, par le jeu des couleurs, l'effet d'une peinture véritable (5). Il est évident que le pinceau devait souvent imiter cet artifice. Les boîtes qu'au rapport de Pausanias on offrait à Cérès devaient être peintes ainsi (6).

(1) Plin., *Hist. nat.*, lib. XXXV, c. 3.
(2) De pictura veterum, lib. II, c. 8.
(3) « Convenere, toris jussi discumbere pictis. » *Énéi*, lib. I.
(4) « Pingitque, non cœlat argentum. » (Plin., *Hist. nat.* lib. XXXIII. c. 9)
(5) Pausanias, Phocide, ch. 27.
(6) Plin., *Hist, nat.*, lib. XXV. in principio.

Mais les plus grands de tous ces meubles de bois que peignaient les anciens, étaient les vaisseaux qu'ils couvraient, à ce qu'il paraît, non seulement de couleurs, mais de figures (1), et qui, Protogène nous le montrera, exercèrent quelquefois des artistes fameux.

Au moyen-âge, on continua à peindre les armes, que le blason rehaussa de ses couleurs, et les meubles, où les artistes de la renaissance firent quelques uns de leurs ouvrages les plus curieux. Au quatorzième siècle, les peintres italiens avaient, comme les autres marchands, des boutiques où l'on venait leur commander des armures et des coffres, et où l'on trouvait même ordinairement les pièces toutes préparées. A Florence, ils tenaient exposées des cuirasses ornées par eux; et quand le cuir, trop mauvais, laissait un trop facile accès aux lames de la guerre civile, c'était à eux qu'on enjoignait de ne garder et de ne peindre d'autres ajustemens que ceux faits du bœuf, de la vache, du taureau et du buffle (2). Par un motif de dévotion, en 1370, ils s'interdirent à eux-mêmes de peindre les enseignes des tavernes, ce qui prouve qu'ils ne dédaignaient pas d'employer leur pinceau à celles des autres lieux. En 1454, Néri di Bicci peignit des figures, des animaux et des fleurs sur l'armoire où Florence conservait les Pandectes de Justinien (3). Cinquante ans après, Léonard de Vinci peignait encore un monstre horrible sur une rondache de bois de figuier, où un paysan de son père l'avait prié de dessiner quelque image. Si les meubles employés dans les habitations privées ont gardé peu de traces de ces anciennes coutumes, ceux des églises nous les montrent encore toutes vivantes. L'Angelico a peint quelques unes de ses plus suaves compositions sur les armoires qui gardaient les vases saints aux couvents de Ste-Marie-Novella et de l'Annunziata (4). Pendant le siècle suivant,

(1) Pausanias, *Elide*, c. 17.

(2) *Carteggio d'artisti.* Firenze, Molini, 1839, 1841, t. II, p. 39.

(3) Rosini. *Storia della pittura italiana*, Pisa, 1841, t. III, p. 25.

(4) Les panneaux de l'armoire de l'Annunziata sont à l'Acadé-

Antonio Razzi, qui a laissé tant de beaux ouvrages à Sienne, y faisait, au dire de Vasari, des chefs-d'œuvre, en peignant, aux frais de deux compagnies pieuses, des brancards pour porter des morts en terre (1). Les autels étaient aussi des meubles, dont les vieux artistes italiens couvraient ordinairement le gradin de petites figures délicates ; lorsque, la pompe croissant toujours, les constructeurs exigèrent sur ce gradin de vastes panneaux, les peintres y trouvèrent occasion d'un style plus large et le commencement de la peinture des tableaux ; ils avaient déjà un sujet de ces représentations isolées et grandioses dans les bannières des confréries. Les anciens avaient peint leurs enseignes de guerre ; les modernes firent peindre les pacifiques étendards des métiers. C'étaient quelquefois des œuvres si belles, que le Sodoma, dont je parlais tout à-l'heure, ayant exécuté le gonfalon d'une des compagnies de Camollia, des marchands de Lucques en offrirent trois cents écus d'or, et furent refusés. Comme les meubles, à cause même de leur fragilité, qui les fait souvent renouveler, adoptent très facilement les modes nouvelles, et peuvent prendre des formes très différentes, il était très important de marquer que les peintures y avaient été de tout temps attachées ; car en suivant les lignes de ces boiseries qu'ils ornaient, les peintres ont pu faire, même sans y penser, des révolutions considérables dans l'art du dessin.

La peinture s'applique aussi à l'architecture et à la sculpture, qui, quoique moins susceptibles de changemens, exercent sur elle une influence plus marquée encore. Des images ornent les tombeaux des Égyptiens et ceux des Étrusques ; à Thèbes et à Tarquinia (2), on voit des chambres funéraires couvertes de figures qui sont peintes sur le mur même, et dont les couleurs tranchées et les lignes convenues, peu propres à imiter la nature, forment une

mie des Beaux-Arts de Florence. Santa-Maria-Novella conserve la sienne intacte.

(1) Vasari. *Vita del Soddoma.*

(2) Aujourd'hui Tarchina, non loin de l'embouchure de la Marta, au-dessus de Corneto.

sorte de décoration toute monumentale. Mais avant que ces couleurs et ces lignes fussent ainsi appliquées sur une muraille plate, il me semble qu'on les y avait disposées autrement dans les temples, qui ont dû être peints avant les tombeaux, et qui ont conservé longtemps les traces d'un plus ancien système. Dans le temple de Salomon, les peintures n'étaient point plates; elles étaient formées de reliefs considérables, où le ciseau avait d'abord représenté des chérubins et des palmes, et où le pinceau ajoutait ensuite les couleurs (1). Les monumens de l'Egypte, dont les obélisques ont rendu l'exemple familier dans nos villes, nous offrent une méthode encore différente ; le ciseau du sculpteur y a figuré, non pas en saillie, mais en creux, les représentations dont les couleurs complétaient l'effet. La différence de ces deux derniers modes provenait peut-être de celle des matières auxquelles on les appliquait, le bois, dont le temple de Jérusalem était revêtu, se prêtant aisément au relief, le granit dont sont faits les monumens de l'Egypte, étant au contraire plus facile à fouiller qu'à abattre. Mais l'un et l'autre système nous offrent la peinture confondue avec la sculpture, dans le sein de l'architecture. Celle-ci lui donne le champ sur lequel elle s'étend ; celle-là les contours dans lesquels elle applique ses couleurs. C'est la sculpture qui dessine les premières figures peintes ; c'est l'architecture qui, par le caractère même du monument où elles sont tracées, détermine leur style. Plus tard, dans un premier âge, la peinture se sépare de la sculpture, et ajoute d'elle-même le dessin à ses couleurs; dans un dernier âge, elle rompt avec l'architecture, et se donne à elle-même le théâtre de ses représentations. Mais lors même qu'elle a prouvé qu'elle pouvait s'isoler des deux arts qui lui ont donné naissance, elle se plaît encore à les accompagner, et jamais elle ne laissa oublier qu'e le a été sous leur dépendance.

(1) « Et omnes parietes templi per circuitum sculpsit variis « cœlaturis et torno : et fecit in eis cherubim et palmas, et picturas « varias, quasi prominentes de pariete et egredientes... et *sculpsit* « *picturam* cherubim et palmarum species et anaglypha valde pro- » minentia. » Lib. III *Regum*, c. 6, v. 29 et 32.

Les Grecs reconnaissaient qu'ils avaient eu des architectes et des statuaires long-temps avant d'avoir des peintres; c'était une tradition répandue chez eux, et que Pline nous a fait connaître en la critiquant (1). On l'a renouvelée de nos jours, lorsque, pour prouver que les anciens avaient l'habitude de peindre sur des tables de bois et non sur les murs mêmes de leurs édifices, on a soutenu que les peintres de Sicyone et d'Athènes n'avaient d'autre but que d'imiter les ouvrages de la statuaire, et de faire, en quelque sorte, des académies d'après ces modèles (2). Si les adversaires de ce système s'étaient proposé de le corriger plutôt que de le contredire, ils auraient pu répondre que les peintres grecs avaient sous les yeux, non seulement des statues, mais encore des bas-reliefs, et que, comme il était vrai qu'ils avaient exécuté leurs tableaux à l'imitation des premières, il ne l'était pas moins qu'ils avaient dû faire des peintures murales à l'exemple des seconds (3). Tout conduisant à penser que le bas-relief a été plus usité que la ronde-bosse dans les âges primitifs, il suivrait naturellement qu'en Grèce aussi bien qu'en Italie, on a dû pratiquer la peinture sur mur avant celle des tableaux (4). Les deux opinions qui, de nos jours, ont donné à l'érudition française l'occasion de raviver ses lumières peuvent ainsi servir à montrer la subordination de la peinture, l'une faisant dériver cet art de la sculpture seulement, l'autre de la sculpture unie à l'architecture.

Des exemples certains confirment cette théorie ; sans qu'il soit besoin de rappeler les fresques des Etrusques, et celles que Varron faisait scier à Lacédémone, il est constant, de l'aveu même des adversaires de la peinture murale, que Po-

(1) Plin., *Hist. nat*, lib. **XXXV**, c. 34.

(2) M. Raoul-Rochette, *Peintures antiques inédites*, précédées de recherches sur l'emploi de la peinture dans la décoration des édifices sacrés et publics, chez les Grecs et chez les Romains. Paris, 1836; p. 10.

(3) Ce point de vue m'a paru manquer aux savantes *Lettres d'un antiquaire à un artiste*.

(4) M. Raoul-Rochette lui-même en convient implicitement dans l'ouvrage cité, p. 182, ligne 21.

lygnote avait exécuté des peintures sur les murs de Thespies (1) ; et lors même qu'il faudrait accorder, contre toutes
les vraisemblances, que cet artiste sublime exécuta sur bois
les vastes peintures des portiques d'Athènes et de Delphes,
nous verrons qu'il ne les a pas moins conçues comme une
grande décoration architecturale. Dans la belle époque,
Pausias peignit aussi à fresque. puisqu'il restaura les murailles de Thespies (2). Si c'est sur bois qu'il fit les peintures
dont il décora le premier les plafonds des Grecs (3), il n'en
est pas moins certain, non plus, qu'il se trouva soumis aux
conditions de l'art principal auquel il se proposait d'ajouter
les ornemens de son pinceau. Les Romains couvrirent
de peintures les murailles de leurs maisons, que Pompéi
nous a rendues tout étincelantes de décorations animées.
Leurs écrivains se plaignaient de cet usage qu'on faisait
partout d'un art où ils auraient voulu plus d'économie et
plus de choix ; mais il resterait à savoir si ces Latins, toujours grossiers, même dans leur instruction, avaient une
juste idée de l'emploi de la peinture chez les Grecs, et si
ce qu'ils blâmaient était ou une trop grande diffusion de
l'art hellénique, ou un retour trop marqué à ses commencemens, ou sa décadence, qui était en effet trop certaine.

La peinture, chez les anciens, était aussi mêlée à la
sculpture. Depuis que M. Quatremère de Quincy a pu-
blié son beau livre sur le Jupiter Olympien, personne
n'oserait plus voir, comme Millin, une faute exception-
nelle de goût dans ces statues peintes dont les livres des
Grecs sont pleins. Les Egyptiens, de l'aveu des archéolo-
gues les moins disposés à admettre leur influence sur les
arts de la Grèce, apportèrent dans l'Attique et dans le Péloponèse leurs dieux enluminés, que les indigènes imi-

(1 M. Raoul-Rochette, ouvrage précité, p. 181.
(2) « Pinxit et ipse penicillo parietes Thespis, quum reficeren-
» tur quondam a Polygnoto picti. » (Plin , *Hist. nat.*, lib. XXXV,
c. 40.)
(3) Cependant, en parlant de cette peinture des plafonds après
celle des murs de Thespies, Pline semble ôter toute vraisemblance aux conjectures que M. Raoul-Rochette a faites, p 137

tèrent. De là ces idoles de bois coloriées et quelquefois
vêtues que Pausanias voyait encore au siècle de Marc-
Aurèle. Elles se changèrent, avec le temps, en ces riches
figures où Phidias employait, dans une véritable mosaïque sculpturale, l'ivoire, l'or, l'airain. Celles-ci en-
fantèrent à leur tour les statues de marbres de diverses
couleurs, comme on en peut voir une curieuse collection
dans le musée de Naples. Il resta des traces de la peinture primitive même sur les statues de marbre blanc, que
l'on continuait à orner de couleurs, si l'on ne les en couvrait
plus : ainsi apparaît encore à nos yeux la Diane d'Herculanum, avec sa chevelure dorée, que couronne un bandeau où la pourpre et l'or se mêlent, avec le baudrier de
pourpre qui retient son carquois, avec les bordures peintes
de ses manches, de son peplus, de sa tunique (1).

Au moyen-âge, la tradition directe de l'antiquité, ou un
retour naturel aux origines, autorisa l'usage d'associer
partout intimement la peinture à l'architecture et à la
sculpture. On couvrit d'images les parties pleines des édifices, et même celles qui semblaient destinées à ne recevoir que la lumière du jour ; on enrichit de couleurs les
articulations essentielles des monumens, comme les reliefs
accessoires de leur décoration ; on peignit les voûtes, les
vitraux, les cloîtres, les piliers, les colonnes, les chapi-
teaux, les statues de couleurs vives et opposées qui rappe-
laient les méthodes des anciens et que la renaissance effaça
en croyant ramener leur goût. Il n'y a pas cependant de
village où, même sur le porche découvert des églises, on
ne puisse aujourd'hui, avec quelque attention, retrouver
les vestiges de ces vieilles peintures qui donnaient comme
un habit de fête aux colonnettes de pierres, et aux saints
ombragés par leurs acanthes. Mais bientôt il nous sera permis de contempler dans toute sa magnificence un des
monumens où le treizième siècle avait employé avec le
plus d'éclat son système complet de décoration ; la Sainte-
Chapelle, restaurée avec goût et avec fidélité, nous mon-

(1) M. Raoul-Rochette en a donné une image dans ses pein
tures antiques inédites, pl 7.

trera quel éblouissement les arts pouvaient produire lorsqu'ils étaient unis, et comment le pinceau, avant de chercher à imiter la nature, savait revêtir les temples et les
statues d'une gloire surhumaine.

Ainsi, le moyen-âge servira à commenter l'antiquité; il
peut nous apprendre des secrets qu'elle nous a laissé igno-
rer. Car si nous savons que les peintures étaient employées
dans les temples de la Grèce, n'ayant pas eu le bonheur
de les y trouver, nous ignorons quelles modifications elles
recevaient de la diversité des monumens où elles étaient
exécutées. Nous connaissons les proportions différentes
auxquelles les ordres différens assujettissaient les constructions des Grecs; et, même en l'absence des documens, nous
ne saurions imaginer que dans un temple dorien, dont tous
les rhythmes étaient énergiques et courts, on a pu tracer
des figures sveltes et déliées, ou qu'on a pu les peindre
sombres et pesantes sur un tombeau ionien, mesuré par
des colonnes élancées et gracieuses. Ces conjectures sont
éclaircies par l'étude de nos vieux monumens; selon que
les peintres ont été appelés à décorer des basiliques dont
le cintre romain arrondissait les lignes, ou des cathédrales
dont l'ogive élevait les formes, ou des temples que le goût
de la renaissance ramenait à des proportions plus tempé-
rées, ils ont produit des œuvres complétement différentes.
De ces trois révolutions de l'architecture chrétienne sont
sorties trois grandes familles de peintres dont on ne peut
connaître ni la génération ni le génie, si on n'a pris garde
aux formes des monumens où ils étaient appelés à peindre
leurs fresques, source féconde de l'art moderne.

CHAPITRE SIXIÈME.

§ 6. *Du but.*

L'art varie enfin selon le but qu'on se propose dans les représentations qui se font par le moyen des couleurs. Ce but lui-même est déterminé ou par les nécessités générales de la civilisation, ou par l'esprit particulier de chaque peuple : ce sont deux influences qu'il faut distinguer, quoiqu'elles agissent ordinairement ensemble. La civilisation, qui est la vie du genre humain entier, a des lois plus absolues qui semblent tout couvrir et tout entraîner. Chaque race, cependant, en subissant la destinée commune de l'espèce, sait se faire une destinée propre, qu'elle marque déjà dans ses commencemens, mais qu'elle rend plus manifeste à mesure qu'elle se développe. Ainsi, les peuples, comme les hommes, sont surtout semblables à l'origine, surtout dissemblables à la fin.

Tous les peuples, dans leur enfance, éprouvent le besoin, après avoir exprimé leur pensée, de la fixer. L'écriture est un des premiers bienfaits de la civilisation. Les signes dont elle se sert participent à la fois de l'esprit de l'homme qui veut témoigner ses pensées et des formes de la nature auxquelles ces pensées sont liées. Ils ne peuvent représenter les idées qu'en vertu d'une convention ; mais comme l'objet même de cette représentation est emprunté à la nature, ils contiennent aussi un principe d'imitation. Toutefois la convention, qui est évidemment la partie essentielle, domine l'imitation dans les premiers caractères tracés par l'homme ; c'est elle qui choisit une forme plutôt qu'une autre, et qui, après l'avoir choisie, en varie les contours, pour exprimer, par les modifications d'un même signe, les modifications d'une même idée ; elle est tellement maîtresse que, pour suivre les progrès du langage, et pour se rapprocher, comme lui, de plus en plus de l'esprit, elle finira par supprimer l'imitation, et par se réfugier dans des traits qui ne garderont de la nature que ses lignes les plus élémentaires.

Cependant la civilisation, s'étant une fois appliquée à imiter les formes de la nature, n'abandonnera point cette première partie de l'art, où la délicatesse des gens habiles s'intéressera par des perfectionnemens nouveaux, où la grossièreté du vulgaire verra toujours une expression plus vivante. Il y aura alors deux écritures, l'une brève, abstraite, qui analysera les idées, l'autre développée, naturelle, qui les peindra. Mais, comme la première, même dans ses conventions les plus factices, ne saurait se passer des lignes que lui a fournies la nature, de même la seconde, dans ses imitations les plus vraies, ne saura s'affranchir du caractère abstrait que l'intelligence lui a laissé: ainsi, même dans leur séparation, se perpétue la fraternité de ces deux écritures. La seconde est le principe de la peinture. Les Grecs, qui étaient pourtant déjà éloignés de l'origine des choses, avaient un profond sentiment de cette vérité, et chez eux, écrire et peindre se disaient encore d'un seul mot.

Quelles sont les premières pensées que grave la civilisation ? Celles qui renferment les notions les plus générales de l'ordre universel. Les temples sont les premiers livres où elle en dépose la tradition ; sur leurs murailles, comme sur des pages éternelles, elle écrit les vérités qu'elle a comprises et qu'elle lègue à l'avenir ; elle les trace d'une écriture voisine de la nature, pour que tous les yeux puissent la lire, appropriée cependant à la pensée, pour que l'intelligence en soit éclairée ; elle imprime ainsi, même à ses images les plus sensibles, un caractère absolu qui en fait la décoration la plus majestueuse pour les lieux où elle les place. Qu'elle les grave en creux sur la pierre, qu'elle les taille en relief sur le bois, elle leur donne toujours, par l'abréviation des lignes droites, par l'extrême valeur des angles, par l'altération manifeste des proportions, ce grand air qui sied aux monumens. Aussi ne vois-je point un puissant intérêt à décider , comme on l'a prétendu , si les peintures monumentales des Grecs étaient exécutées sur le mur même, comme en Égypte, ou comme à Jérusalem sur un bois adhérant au mur. Ce qui importe le plus, c'est, non pas la matière dont le mur est fait ou revêtu , mais le caractère imprimé par le monument aux images dont il est décoré. Les Grecs étaient vraiment gens de trop de goût pour ne pas faire , entre les peintures attachées aux parois mêmes de leurs édifices, et celles qui n'y étaient que suspendues , la différence que de médiocres artistes sauraient reconnaître aujourd'hui. Les premières avaient nécessairement pour modèle la grande écriture architecturale des bas-reliefs ; les secondes, la réalité libre et savante des statues.

Les Romains, même dans les décorations que Vitruve et Pline blâmaient, et jusqu'en leurs édifices privés, qui n'avaient point la solennité des temples, avaient su conserver à la peinture quelque chose du caractère sacré des premiers temps. Ils avaient beau se rapprocher de plus en plus de la nature en reproduisant sur les murs de leurs habitations des paysages, des villes , des vues agréables et animées, on peut se convaincre à Pompéi que dans ces scènes dont on croirait que la ressemblance est le premier mérite , ils accordaient encore plus à la convention qu'à l'imitation. Continuant à peindre les signes des choses plus que leur image même, ils traçaient, pour représenter des perspectives, ces colonnettes élancées que touchaient à peine de légères architraves, formes capricieuses qui tenaient plus du rêve de l'esprit que de la vérité de la nature. Soit qu'au quatorzième siècle il restât en Italie d'autres traces découvertes de ces gracieuses images , soit que la force même des choses conduisît à les renouveler, Giotto semblait encore s'inspirer d'elles , lorsque dans ses peintures toujours monumentales, mettant aussi des signes délicats à la place d'une réalité pesante , il figurait ses temples et ses maisons par les lignes les plus abrégées et les plus élégantes.

Lorsque l'écriture , ayant à donner aux pensées religieuses des développemens que ne comportent plus les

murs des temples, se détache de ces pages de pierre pour
s'inscrire sur des surfaces où elle soit plus cursive et plus
libre, elle offre aussi à la peinture qui la suit l'exemple de
l'affranchissement. L'Egypte nous montre sur ses papyrus
l'écriture et la peinture descendues ensemble des parois
des monumens dans de véritables volumes. L'antiquité
classique eut aussi ses livres, où les deux arts jumeaux
étaient unis : Pline rapporte que Varron eut l'idée de mettre dans ses ouvrages, avec les noms de sept cents hommes
illustres, leurs portraits, qui donnaient, pour ainsi dire,
l'immortalité à leurs personnes (1). Il nous fait d'ailleurs
connaître que l'écriture empruntait plus ordinairement
encore le secours des couleurs que celui du dessin ; et il
semble citer comme antique et vulgaire l'usage d'employer
le *minium* pour donner de l'éclat aux caractères, même
lorsqu'on les traçait sur l'or, sur le marbre et sur les tombeaux (2). Ainsi cet art, que les Italiens appelaient minia-
ture, et auquel les Français ont donné le nom d'enlumi-
nure (3), était connu des anciens, pendant le dernier âge
de leur civilisation. Attribut plus particulier des époques où
l'écriture et la peinture, sortant ensemble du sanctuaire,
sont encore intimement associées, il n'est point étonnant
qu'il ait été si cultivé au moyen-âge. Alors, par la main des
moines, il garda longtemps dans les livres les types consacrés que les artistes altéraient ailleurs. Comment, par la
tradition de ses vives couleurs et par le soin minutieux de
ses contours, il contribua aux perfectionnemens de la
peinture moderne, c'est ce que savent tous ceux qui ont

(1) « Insertis voluminum suorum fecunditati, non nominibus
» tantem septingentorum illustrium, sed et aliquo modo imagi-
» nibus, non passus intercedere figuras. » (Plin., *Hist. nat*,
lib. XXXV, c. 2.

2 « Minium in voluminibus quoque scriptura usurpatur, cla-
» rioresque litteras, vel in auro, vel in marmore, etiam in sepul-
» cris facit. » (*Hist. nat.*, lib. XXXIII, c. 40.)

(3) . . . . Quell'arte
Ch'*alluminare* è chiamata in Parisi.

          (Dante, *Purgatorio* canto XI.)

pu admirer les ouvrages de l'Angelico, dont il avait formé le génie.

La peinture, ainsi détachée des flancs de l'architecture par l'écriture même, sut aussi trouver des pages où elle put se développer en liberté ; mais sur les premiers tableaux qu'elle forma, elle conserva longtemps, en souvenir de l'antique alliance, des caractères écrits et souvent des légendes entières. Les Grecs, qui ont fait dans leurs vases un si grand usage de ces inscriptions, les ajustaient à leurs images, non seulement du temps des premiers Sicyoniens, comme disait Pline (1), mais encore à l'époque de Polygnote, comme on le peut voir par la description que fait Pausanias des peintures de Delphes (2), et aussi bien plus tard, ainsi qu'il est facile d'en juger par cet admirable basrelief du musée de Naples, où Pâris, Hélène, l'Amour, Vénus, la Persuasion, représentés sous les formes les plus belles et les plus reconnaissables, sont cependant marqués de leurs noms. Les Byzantins savaient aussi donner un ornement bien approprié à leurs temples, en y mêlant, sur l'or des mosaïques, les lettres aux peintures ; ils en transmirent l'habitude à Buffalmacco, qui soutenait leur tradition en face de Giotto (3), et jusqu'à Albert Durer, qui, deux siècles plus tard, gravait encore des caractères sur les têtes des apôtres, son dernier et son plus savant ouvrage.

Quand la peinture a consommé son divorce avec l'écriture, elle n'en demeure pas moins une lettre vivante, dont la religion, qui l'a créée, continue à se servir, pour parler à l'esprit des peuples. Aux époques mêmes, où, détachée des murailles des temples, elle s'isole sur des pages de toile comme en Egypte, de bois comme en Grèce, de bois et de toile comme chez les modernes, elle porte l'empreinte

(1 « Primi exercuere Ardices Corinthius, et Telephanes Sicyo- » nius, sive ullo etiamnum hi colore... Ideo et quos pingerent, » adscribere institutum. » *Hist. nat.*, lib. XXXV. c. 5.)

(2) Διάφορα δὲ καὶ ταῦτα τὰ ὀνόματα Ὅμηρος ᾤετο ἐν Ἰλιάδι. Pausanias, Phocide, ch. 25, et *passim*.

(3) Vasari, *Vita di Buonamico Buffamalco.* — Rosini, *Storia della pittura italiana*, t. I, ch. 7.

des croyances dont elle tend cependant à s'affranchir. Non seulement elle trouve toujours ses plus beaux triomphes à représenter les images pieuses auxquelles elle était bornée primitivement; mais encore, dans les formes qu'elle donne aux représentations profanes, elle garde profondément l'empreinte de la religion qui a dirigé ses commencemens; et jusqu'aux temps les plus éloignés de ces principes, elle incline davantage vers la beauté ou vers l'expression, suivant qu'aux premiers jours elle a été consacrée par les prêtres à exprimer les vérités de l'univers sensible, ou à interpréter les mystères de la nature morale.

Le génie particulier de chaque peuple se fait aussi reconnaître dès l'origine dans les œuvres de la civilisation. L'esprit subtil des Orientaux se montre dans les plus informes idoles, où ils multipliaient déjà les membres pour représenter la multiplicité de leurs idées. L'esprit raisonnable des Grecs se témoigne au contraire, même dans les grossières images qu'ils taillent d'abord de leurs dieux, semblables, dit Pausanias, tantôt a une colonne d'airain, tantôt à un tronc d'arbre, mais exemptes toujours, hormis à Éphèse, et peut-être dans leurs autres colonies asiatiques, de la complication bizarre des symboles orientaux. Cependant c'est surtout dans les monumens des époques suprêmes que les nations marquent l'originalité diverse de leur esprit : pour juger à quel point le génie religieux des Egyptiens et le génie politique des Grecs ont fait un usage différent de la peinture, il faut regarder aux derniers ouvrages des artistes de Memphis et d'Athènes. De même dans notre Europe, lorsque le christianisme faisait la première éducation des peuples qui la partagent, les Byzantins leur imposèrent à peu près partout les mêmes types, et leur inspirèrent ensuite des révoltes à peu près semblables ; mais, affranchis du joug et commençant à se développer, ces peuples, qui, dans l'origine, avaient témoigné leur diversité d'une manière timide, finirent par l'accuser très fortement. Alors les Allemands tournèrent plus particulièrement leur art vers l'imitation de la nature, les Italiens vers la recherche de la beauté. Les Espagnols satisfirent dans leurs images leur génie violent et religieux, les Français leur esprit sensé et historique ; et de nos jours l'aristocratie anglaise a empreint dans des portraits élégans le sentiment orgueilleux et solitaire qu'elle s'est fait de la dignité humaine. Ainsi l'écriture, par laquelle chaque homme fixe ses idées, se forme sur une méthode générale, dans laquelle elle est d'abord comme noyée ; puis, en la rappelant toujours, elle s'en détache pour marquer de plus en plus, par ses traits modifiés, les habitudes et le caractère de la personne dont elle est l'expression.

CHAPITRE SEPTIÈME.

De deux espèces de Tradition.

Après avoir marqué tous les élémens dont la tradition compose ses systèmes, il faut examiner comment elle les forme. Pour nous arrêter ici à la condition principale, nous dirons qu'elle leur donne ou le caractère de la nécessité, ou celui de la liberté. Quand elle choisit parmi les principes fournis par la nature et par la société ceux qu'elle doit mettre en œuvre, elle les conçoit ou bien comme une vérité absolue qui ne saurait souffrir de changement, ou bien comme une expression variable qui peut être perfectionnée. De là une différence très marquée entre la tradition qui ne se développe pas et la tradition qui se développe.

On observe que selon les climats et les races où elle se forme, la tradition demeure immobile ou devient susceptible d'être modifiée. Les Orientaux ont horreur des changemens, les Occidentaux y prennent plaisir. Les Egyptiens, qui ont vu si souvent renouveler leurs dynasties, leur ont toujours fait les mêmes cercueils ; ils paraissent avoir eu, dès le commencement, dans les hautes vallées du Nil, le système de représentations qu'ils ont plus tard reproduit, sans l'altérer, dans le Delta. Aujourd'hui même les Chinois, quoique livrés à l'industrie, qui est une si grande source d'innovations, répètent encore invariablement les lignes et les figures qu'ils connaissaient déjà lorsque les autres races de l'antique Asie succombèrent. En Occident, au contraire, les peuples qui avaient le plus de persévérance dans le génie n'ont pas laissé que d'en varier les formes ; les Etrusques, dont la constance est connue, offrent dans la belle série des tombeaux rassemblés au mu-

sée de Volterre, un style qui sait se renouveler en restant
fidèle à son principe ; et comme les statues de bronze qui
sont marquées de leurs inscriptions au musée de Florence
leur appartiennent incontestablement, il faut convenir
qu'ils n'eurent rien à envier à l'art des peuples les plus
avancés dans la civilisation. Parmi les modernes, les Italiens, quoique appliqués à reproduire des images sacrées
dont la nature semblerait devoir être immuable, ont été si
amoureux des changemens, qu'ils en ont donné tous les
exemples aux autres nations de l'Europe.

Comme les climats, les âges divers de l'histoire humaine
tantôt astreignent les peuples à reproduire invariablement
les mêmes types, tantôt les excitent à en modifier les formes
et à en renouveler l'esprit. La religion, qui perpétue tout
ce qu'elle consacre, plus écoutée dans l'origine des sociétés, y maintient l'immobilité de l'art. La raison, qui
emploie la critique à tout perfectionner, plus cultivée par
les nations mûries, les engage à corriger sans cesse les ouvrages dont elles couronnent leur existence. Aussi, à le
bien prendre, les peuples les plus sujets au changement
ont-ils toujours eu une époque où, sous le premier empire
des croyances, ils sont demeurés étroitement attachés aux
mêmes formes ; et ceux qui sont les plus célèbres par leur
immobilité ne manquent jamais d'arriver de même à une
autre époque, où, forcés par l'irrésistible inquiétude de la
pensée humaine, ils commencent à altérer d'une manière
sensible les systèmes dont ils ont été longtemps les rigides
observateurs. Les Égyptiens, avant même que, sous les
Ptolémées, ils eussent employé des artistes grecs, avaient
déjà donné une délicatesse plus variée à leurs ouvrages héréditaires ; et, contrairement, les Grecs, qui devaient être
les grands promoteurs de tous les changemens de l'antiquité, avaient eu à Égine, à Sicyone et à Corinthe, des
écoles archaïques longtemps occupées à reproduire exactement des types transmis.

Cette considération des époques est la plus importante
de celles où nous puissions nous élever. En effet, dans un
certain sens, elle embrasse celle des climats. Si, au lieu de
regarder séparément l'histoire de chaque peuple, nous

contemplons tous les peuples ensemble comme liés par une destinée suivie et se remplaçant successivement pour former les âges différens d'une même existence, nous verrons par quelle économie admirable la Providence a eu soin de faire contribuer, dans leur rang, ceux que leur climat rendait le plus propres à y briller. Dans les deux grands systèmes de civilisation qui ont paru l'un après l'autre, dans le monde païen et dans le monde chrétien, toujours l'Orient a eu l'initiation de la religion, toujours l'Occident celle de la raison : en sorte que de l'Asie est toujours venue la tradition de l'art immobile, et qu'en Europe s'est toujours formée celle de l'art indépendant. Les Égyptiens, avec leurs croyances fixes et leurs types invariables, représentent l'adolescence religieuse du monde antique par rapport aux Grecs, qui, dans sa virilité, exercent sa raison et en perfectionnent tous les signes. Puis, lorsque, dans la défaillance de cette civilisation première, l'Orient eut jeté parmi l'espèce humaine les semences d'une vie nouvelle, les Byzantins, qu'il inspirait, vinrent apporter à l'Occident, retourné à l'enfance par la barbarie, un nouveau système de représentations immuables que, dans une virilité nouvelle, et par une nouvelle application de la raison, les Italiens changèrent une autre fois en un système d'images libres et variées.

Telle est la principale différence des deux traditions, que nous ne distinguions d'abord que par leur caractère de nécessité ou d'indépendance. Un art sacré se forme au début des sociétés pour représenter d'une manière sensible les vérités qu'elles doivent garder ; c'est l'ensemble des signes que le prêtre impose à l'artiste, en même temps qu'il impose au fidèle les croyances dont ils sont l'expression. Ces images participent de la rigueur des doctrines auxquelles elles sont attachées ; et la foi qu'elles maintiennent en la peignant, est intéressée à les conserver pures et invariables. A la fin des sociétés, un art profane naît de l'exercice de la raison, qui, s'appliquant à perfectionner les signes religieux, et les comparant plus à la nature qu'ils imitent qu'aux vérités qu'ils représentent, les altère et les renouvelle jusqu'à ce qu'ils ne conservent plus rien de leur ancienne forme ni de leur première destination ; à des images consacrées, on voit alors succéder des images arbitraires; à l'autorité du prêtre, le choix de l'artiste; à un enseignement donné à l'esprit, une flatterie adressée aux sens. L'art sacré se confond, à son origine, dans la liturgie, qui est son véritable nom ; l'art profane se perd, à la fin, dans une imitation et dans une liberté qui lui ôtent toute dignité et toute force. Le bel art se trouve dans le passage de l'une à l'autre de ces deux espèces de tradition.

CHAPITRE HUITIÈME.

Du bel Art.

Un homme dont il faut répéter sans cesse le nom à des générations qui ne semblent plus faites pour l'entendre , M. Quatremère de Quincy, a remarqué le premier, dans son *Essai sur l'imitation* (1), que le passage de l'art sacré à l'art libre se fait par deux mouvemens contraires , en deux époques différentes. Il en a ébauché à grands traits la théorie que personne, après lui, n'a pris soin d'appliquer, et à laquelle nous rattachons la suite de ces études.

Tant que la peinture demeure une écriture monumentale au service de la religion, elle fait prédominer, nous l'avons dit, le principe de convention qui lui a donné naissance, principe d'imitation qui n'est pour elle qu'un moyen. Mettant en relief, dans les signes qu'elle emploie, le sens qu'elle leur prête, plus que la figure même qu'elle choisit pour l'exprimer, elle fait subir aux formes terrestres une altération où demeure la marque solennelle des pensées dont elle est l'interprète. C'est ordinairement en simplifiant les contours et en agrandissant les inflexions qu'elle manifeste dans les images empruntées à la réalité les notions que le culte consacre. Par cette méthode, qui tantôt enlève et tantôt ajoute à la vérité, elle imprime à ses représentations une noblesse et une grandeur qui frappent dans les ouvrages les plus grossiers de l'enfance des peuples. Ainsi se forme un premier idéal, en vertu même des idées que les premiers hommes conçoivent, et

(1) Essai sur la nature , le but et les moyens de l'imitation dans les Beaux-Arts. Paris, 1823 ;voy. le paragraphe **X** de la deuxième partie .

de l'empire qu'ils s'arrogent sur la nature pour les représenter. Mais peu à peu ces idées s'effacent et s'oublient ; on perd de vue le sens qui était attaché à l'abréviation ou à l'amplification des anciennes images ; on ne voit plus dans ces images qu'une imitation générale, peut-être même qu'une représentation particulière de la réalité. On ne songe plus dès lors qu'à les rapprocher du modèle dont on les trouve si éloignées, et on fait concourir tous les efforts à supprimer les derniers vestiges d'une convention qu'on méprise sans la comprendre. Plus puissante que tant d'hommes réunis, cette convention persiste même dans l'esprit de ceux qui la repoussent avec le plus de vigueur ; et par les formes qu'elle leur communique encore malgré eux, elle imprime à leurs ouvrages un aspect idéal qui en relève le prix. Cependant l'imitation finit par l'emporter, et, livrée un instant à elle-même, elle montre ce qu'elle est capable de faire par ses seules forces.

Mais son triomphe n'est pas long ; à peine a-t-elle recouvré la liberté qu'elle se hâte de s'enchaîner de nouveau. Du sein des écoles qui ont ordinairement gardé les plus durables traces de l'antique idéal, s'élèvent des hommes qui considèrent toute la faiblesse de l'imitation, et qui veulent y suppléer par la puissance de conventions nouvelles. Comme leurs prédécesseurs avaient passé des signes de l'écriture sacerdotale à la représentation des êtres réels, ils essaient de remonter de cette peinture particulière des individus à des images de la nature universelle ; ils recomposent des systèmes d'abréviation et d'amplification pour montrer dans quelques hommes les types généraux de l'espèce humaine ; à l'aide de ces méthodes, ils interprètent ce qu'il y a de plus élevé dans les mystères de la création et dans les aspirations de leur siècle. Ce sont là sans doute les plus admirables tentatives du génie humain ! Un nouvel idéal en résulte, non plus enveloppé, comme l'ancien, dans les secrets du sanctuaire, mais se témoignant toujours tout entier à tous les yeux et forçant de lui-même tous les cœurs. N'étant plus gardé toutefois par aucune prescription supérieure, tenant même plus à la délicatesse de quelques organisations privilégiées qu'à la suite d'un enseignement savant, il est sujet à s'obscurcir au moment même où il vient d'éblouir les yeux par les prodiges les plus surprenans ; et il laisse bientôt seule, à sa place, cette imitation, ou vague, ou servile, qui, s'écartant tour à tour de la vérité et de la beauté, ment à la nature et laisse périr toute tradition.

Dans ces deux grandes époques, l'art, tantôt appuyé sur l'idéal, cherche la nature ; tantôt appuyé sur la nature, cherche l'idéal. Mais dans la première, il a sous les yeux un idéal certain et écrit, et il tend vers la nature, qui ne saurait non plus lui échapper ; dans la seconde, au contraire, s'il a encore un stable fondement dans la nature, il poursuit un idéal qui n'est nulle part tracé et visible. Aussi ne faut-il pas s'étonner que la succession des artistes de la première époque se soutienne d'une manière plus serrée et plus graduelle, et que la chaine des artistes de la seconde s'interrompe si vite, et se reprenne à de si longs et si rares intervalles.

La perfection qui résulte, dans l'une et dans l'autre, de la rencontre de l'idéal et de la nature, n'est pas l'effet fortuit de quelques heureux genies. Il ne dépend point des plus beaux talents de réunir ces deux termes, dont le rapprochement est l'œuvre prédestinée des siècles et des peuples. Alors même que le temps marqué est venu, c'est moins la puissance des artistes que leur suite qui accomplit la tâche confiée à leurs mains ; une série d'évolutions, où le vulgaire ne voit que des créations brillantes, entraîne dans un ordre facile à prévoir d'autres évolutions contraires. C'est une des plus belles parties du développement de l'espèce humaine ; mais elle est nécessaire comme les autres. Toute sa gloire vient de cette solidarité fatale. A l'heure dite, les artistes paraissent, joyeux de concourir au mouvement de la civilisation, dont l'œuvre principale leur est remise en ce moment. L'espèce humaine, passant à la période réfléchie de sa vie, commence à s'approprier par la raison les vérités qu'elle n'a jusqu'alors possédées que par la foi ; l'art exerce la réflexion des peuples sur les images du culte, comme la philosophie applique celle des penseurs aux idées dont elles sont l'expression ; ainsi il contribue puissamment aux révolutions qui s'opèrent au sein des sociétés pour en renouveler l'esprit. Lui appartiendrait-il de donner, hors de l'instant fixé, le signal de ces grands changemens? Il jette ses fleurs à l'entrée du chemin que les nations rempliront de leur sang et de leurs larmes ; et lorsqu'il les a engagées dans la carrière, impuissant à trouver des formes durables pour des pensées qui se modifient tous les jours, il revient, triste et lassé, méditer sur ses désastres irréparables, devant les antiques images dont il a détaché les hommes.

CHAPITRE NEUVIEME.

Comparaison des Grecs et des Italiens.

Ce passage de l'art sacré à l'art profane s'est accompli deux fois dans l'histoire du monde, chez les Grecs et chez les Italiens. Après tous les peuples de l'Orient et de l'Egypte qui conservaient sans altération la tradition sacerdotale, les premiers l'ont brisée pour transmettre une tradition libre aux Romains et, par eux, aux autres nations de l'Occident. Les seconds, après avoir reçu des Byzantins un système d'images convenues, y ont substitué un système d'images naturelles dont ils ont propagé l'imitation parmi les peuples européens. Les uns et les autres, préparant par ces changemens ceux de la civilisation tout entière, dans un moment également solennel et limité, ont rencontré le bel art. C'est dans leurs ouvrages qu'on doit le circonscrire et l'étudier.

Nous nous attacherons donc désormais à connaître l'art par excellence, le seul qui soit véritablement digne de ce nom ; après en avoir esquissé la théorie, nous en suivrons l'histoire chez les Grecs et chez les Italiens ; mais par l'exposition des exemples qu'ont donnés ces deux peuples privilégiés, nous chercherons à mettre en lumière les lois auxquelles ils ont obéi. Aussi nous n'examinerons point séparément les efforts qu'ils ont faits l'un après l'autre dans la carrière où ils ont successivement développé leur génie. Nous comparerons au contraire continuellement les évolutions analogues qu'ils ont accomplies à des époques semblables et par des moyens singulièrement pareils : peut-être de cette comparaison tirerons-nous des avantages qui nous justifieront d'en avoir couru les dangers.

On connaît peu la peinture des Grecs, et il a été long-
emps admis qu'on ne pouvait s'en faire aucune idée précise. Il y a cependant des esprits qui se résigneront toujours
difficilement à cette ignorance. Après les fouilles de Rome,
celles de Naples avaient déjà apporté aux antiquaires du
siècle dernier des lumières auxquelles Winckelmann n'a
point voulu fermer les yeux (1). Toutes les découvertes
faites à Pompéi depuis la mort de l'illustre critique lui
auraient sans doute fourni l'occasion de développer consi-
dérablement le chapitre qu'il a consacré à la peinture antique dans son Histoire de l'art. En effet, si les images trouvées sur les murailles de cette ville ne sont pas exécutées
par une autre méthode que celle qu'on avait reconnue
dans les peintures des jardins de Mécène et d'Herculanum, elles ont ce singulier avantage de présenter assez souvent des sujets que nous savons avoir été traités de la même
manière dans des tableaux célèbres chez les anciens. Quelques unes nous offrent des analogies si frappantes que nous
ne pouvons nous empêcher de penser qu'elles sont de véritables copies faites par des artistes ordinaires, sans doute,
d'après des chefs-d'œuvre fameux, dont elles nous permettent ainsi, jusqu'à un certain point, de comparer au
moins le caractère et le style. Je nommerai celles dont l'i-
mitation me paraît le plus irrécusable et donne les renseignemens les plus curieux.

L'Hercule enfant, peinture trouvée à Pompéi, et expo-
sée au musée de Naples, dans la seconde salle des fresques,
rappelle tout ce que dit Pline du tableau où Zeuxis avait
représenté le héros thébain étouffant les serpens en présence de sa mère épouvantée et d'Amphitryon (2). Alc-
mène y trahit, en effet, par le geste le plus bref et le plus
énergique, l'effroi dont parle l'écrivain romain; Amphitryon assis y fait voir une surprise plus tranquille qui a dû
être passée sous silence. On voit encore dans le tableau du
Musée Bourbon un esclave qui porte dans ses bras Eu-
rythée, le frère jumeau d'Hercule, et qui a dû échapper

(1) Winckelmann, *Histoire de l'art*, livre IV, ch. 8.
(2) « Hercules infans dracones strangulans, Alcmena coram pa-
vente et Amphitryone. » Plin., *Hist. nat.*, lib. XXXV, c. ix.

à une description peu exacte. On retrouve du reste suffisamment dans les détails de cette composition, et la simplicité qui convient à l'époque de Zeuxis, et la grosseur
relative des têtes et des articulations que Pline a observée
chez lui (1).

Il me semble qu'il ne saurait non plus y avoir beaucoup
de doutes sur le morceau du musée de Naples, qui reproduit en partie ce que nous savons du sacrifice d'Iphigénie,
tableau fameux où un contemporain de Zeuxis, Timanthe,
connu par ses idées étudiées, avait représenté Agamemnon
se voilant auprès de l'autel. Cicéron (2) et Quintilien (3),
qui ont parlé de ce tableau avec plus de détails que Pline
n'en a donné, s'accordent à dire que le peintre y avait représenté Chalcas triste, Ulysse plus triste encore, Ménélas
las désolé, et que ne sachant comment exprimer la dou-
leur plus grande du père, il avait pris le parti de la cacher
sous le voile. A ces quatre personnages Valère-Maxime (4)
en ajoute, il est vrai, un cinquième, Ajax, à qui, confor-
mément à son caractère, il fait pousser des cris; et Pline par
une expression semble indiquer qu'il y avait un plus grand
nombre de personnages, tandis que par une autre il suppose
qu'Iphigénie était debout auprès de l'autel (5). Mais on peut
s'apercevoir que la relation de Valère-Maxime, calculée
dans un but moral, n'a mis Ajax en scène que pour lui
prêter ces cris, assez difficiles à faire entendre dans une
peinture, et surtout à accorder avec les traditions calmes
de l'art grec; et il est encore plus aisé de reconnaître que
Pline, n'ayant point d'observations personnelles à exprimer sur le tableau de Timanthe, l'a vaguement décrit
d'après les éloges des orateurs. Ainsi réduite à quatre personnages principaux, sans compter Iphigénie, cette image
illustre devait ressembler beaucoup à celle qu'on a tirée

(1) « Deprehenditur tamen Zeuxis grandior in capitibus articulisque. » Pline, *loco citato*.

(2) Cicéron, *De perfecto oratore*.

(3) Quintilien, *Orat. institu*, lib. II, c. 13.

(4) Valer. Maximus, lib. VIII, cap. 2, ex. 6, *De dictis fac-
tisque memorabilibus*.

(5) « Ejus enim est Iphigenia, *oratorum laudibus* celebrata ;

de Pompéi pour la transporter au **Musée Bourbon**, et où l'on voit le même nombre de figures. Si les deux hommes qui, dans celle-ci, tiennent **Iphigénie** entre leurs bras et la présentent au grand-prêtre, doivent être absolument reconnus pour des esclaves, à la simplicité de leurs vêtemens et à la nudité de leurs pieds, il restera toujours que ce groupe et les deux figures opposées de **Calchas** et d'**Agamemnon** auront pu être détachés de la composition plus compliquée de **Timanthe**. Comment imaginer qu'une page vantée si souvent par les **Romains**, et peut-être la plus populaire parmi eux, n'aura point été reproduite dans les villes que fréquentaient ceux mêmes qui en faisaient l'éloge? Comment croire surtout qu'un peintre du siècle d'**Auguste**, s'il ne copiait point un artiste déjà ancien et consacré, aurait donné à ses corps cette rigidité, et aurait surtout fait subir à celui d'**Iphigénie** cette ellipse qui dénonce hautement les habitudes encore archaïques de l'époque de **Timanthe**?

Si ces images nous font juger du style de la première période de l'art grec, il en est d'autres qui nous initient, ce me semble, directement à celui de la seconde. Une peinture aussi empruntée à Pompéi par le musée Bourbon, et qui représente **Achille** découvert à **Scyros**, s'accommode fort bien à la description brève, mais frappante, que l'antiquité nous a laissée d'un des derniers et des plus précieux ouvrages de l'école de **Corinthe**. **Pline** raconte que ce jeune **Athénion**, qui, s'il n'était mort à la fleur de l'âge, aurait effacé les peintres les plus renommés, avait fait un tableau d'**Achille** caché sous un déguisement de jeune fille, et surpris par **Ulysse** (1). La force de l'expression latine est telle, qu'elle fait voir la main d'Ulysse qui, dans la fresque de Pompéi, saisit, en effet, au

« qua *stante* ad aras peritura, cum mœstos pinxisset *omnes*, præ-
« cipue patruum; cum tristitiæ omnem imaginem consumpsisset,
« patris ipsius vultum velavit, quem digne non poterat ostendere. »
(Plin., *Hist. nat.*, lib. XXXV. c. 10)

(1) « Achillem virginis habitu occultatum, Ulysse deprehen-
dente... Quod nisi in juventâ obiisset, nemo ei compararetur. »
(Plin., *Hist. nat.*, lib. XXXV, c. 11.)

milieu d'un mouvement superbe, le bras d'Achille déguisé. Le reste de cette scène animée indique parfaitement une époque où l'art est dans la plénitude de ses richesses.

D'autres peintures transportées à Naples, si elles ne rappellent pas des tableaux nommés par les écrivains classiques, sont pourtant très évidemment copiées d'après des artistes célèbres. Il suffira de citer parmi les dépouilles d'Herculanum, l'*Achille élevé par le Centaure*, parmi celles de Pompéi, l'*Andromède délivrée par Persée*. Ces images se reproduisent trop souvent dans la même forme sur divers monumens de l'antiquité pour n'être pas des imitations de quelques morceaux fameux. La première se trouve notamment à Pompéi sur le bouclier offert par Ulysse à Achille, dans le tableau dont je viens de parler ; la seconde est exactement semblable à ce beau bas-relief qui, du palais Spada, a passé au musée du Capitole, et qui est une des admirables sculptures de Rome. Quoique, ne connaissant point le nom des auteurs qui ont composé les premiers modèles de ces copies, nous ne puissions tirer de leur examen aucune induction particulière pour la distinction des époques de l'art grec, nous sommes autorisé à les produire comme des preuves certaines que les beaux ouvrages de l'antiquité ont été quelquefois reproduits littéralement dans ces fresques, trop peu estimées, ce me semble, de Pompéi et d'Herculanum. Parmi les autres *monumens* de l'art que d'autres fouilles nous ont rendus, dans les pierres gravées, et même dans les sculptures, on peut retrouver une imitation plus directe peut-être et plus instructive des chefs-d'œuvre de la peinture antique. Pour me borner à un seul exemple, je citerai le tableau de l'Ivresse, que Pausias, au rapport de Pausanias (1), avait représenté sous les traits d'une femme buvant dans une fiole de verre, et qui me paraît reproduite dans un marbre connu sous le même nom au musée du Capitole, et offrant, avec les mêmes traits, une étude singulièrement curieuse d'anatomie et d'expression. Pausias a marqué une époque principale dans

(1) Γέγραπται δὲ ἐνταῦθα καὶ Μέθη, Παυσίου καὶ τοῦτο ἔργον, ἐξ ὑαλίνης φιάλης πίνουσα· ἴδοις δὲ κἂν ἐν τῇ γραφῇ φιάλης τε ὑαλίνου, καὶ δι' αὐτῆς γυναικὸς πρόσωπον. (Pausanias, *Corinthie*, ch. 25.)

l'école de Sicyone, qui passe pour la plus ancienne de la Grèce, et qui est assurément une des plus importantes. Il serait infiniment précieux, pour assigner à ce peintre éminent son véritable caractère, de pouvoir éclairer les textes par les monumens.

Mais alors même que nous n'aurions point trouvé dans les découvertes du dernier siècle ces copies du bel art des Grecs, la littérature nous fournirait encore assez de documens pour qu'il nous fût possible d'en prendre au moins une opinion raisonnable. Si les auteurs décrivent trop rarement et en trop peu de mots les chefs-d'œuvre de la peinture, du moins ils ne manquent pas de les juger. Ces jugemens sont les échos du goût de l'antiquité, et il faut les recueillir avec plus de déférence peut-être que nous n'accordons d'admiration aux ouvrages qu'elle nous a laissés. C'est, en effet, l'estime publique qui, en décidant de la gloire des ouvrages, dirige les artistes et fait le destin des écoles. Ses arrêts nous ont été quelquefois conservés par des hommes qui en relèvent encore l'autorité. Platon a emprunté des comparaisons aux œuvres de l'art pour expliquer celles de la nature. Aristote a exprimé quelques idées, qui sont peut-être les plus grands traits de lumière de la théorie de l'art antique. Aux siècles où la Grèce avait enfanté tous ses monumens, elle continuait à produire des écrivains capables de nous en donner l'impression. Plutarque a mêlé souvent au récit des grandes actions qui honoraient sa patrie, le souvenir des chefs-d œuvre qui l'avaient ornée. Si Pausanias, par une sorte d'orgueil qui semble trouver tous les ouvrages de son pays également dignes d'éloge, s'abstient de marquer la différence de leur mérite, il les décrit ordinairement avec des détails si heureux, qu'il fait aisément comprendre ce qu'on y admirait. Lucien, artiste lui-même, a laissé, outre les allusions fréquentes, des dissertations pleines d'intérêt. Déjà depuis longtemps Cicéron, initiant ses compatriotes aux chefs-d'œuvre du génie grec, en avait donné mille notions éparses; et Pline, dans les derniers livres de son Histoire naturelle, avait réuni les connaissances les plus étendues qu'aucun ancien nous en ait transmises. Quand on a consulté ces sources principales, il est impossible de n'avoir pas une idée arrêtée, au moins sur l'opinion que l'antiquité se faisait de ses peintres et de leurs ouvrages.

Lorsqu'on étudie les Italiens que je veux comparer aux Grecs, on voit, au contraire, qu'il est plus facile de connaître leurs ouvrages que de se fixer sur l'idée qu'on en doit prendre. Les plus anciennes peintures où ils aient marqué l'empreinte de leur génie sont encore visibles partout; et elles ont même été, dans ces derniers temps, l'objet d'un soin particulier qui a pu nuire à la considération de celles qui en avaient d'abord effacé le souvenir. Les musées les plus lointains ont revendiqué ces dépouilles précieuses, qui sont aujourd'hui mieux connues à Berlin qu'à Paris; et Florence montre encore sur ses murailles intactes la suite complète des efforts et des progrès que l'art a faits chez les modernes, depuis son renouvellement jusqu'à sa décadence. Mais si l'on veut savoir quel a été le jugement des hommes sur ces ouvrages si fidèlement gardés, on ne trouve guère que confusion et qu'incertitude. Au commencement du seizième siècle, les grands maîtres de l'art, ceux dont on aurait dû respecter les opinions comme les chefs-d'œuvres, admiraient encore les pages des anciens peintres et se formaient en les étudiant; après eux, on n'a plus vu que leur gloire, et on a commencé à mépriser les exemples auxquels ils la devaient. Des artistes, que leur faiblesse aurait dû rendre plus retenus, ont encouragé par leur dédain l'ingratitude de la foule, toujours prompte à oublier le génie passé pour la médiocrité présente; et le patriotisme seul des Italiens, poussé à une extrémité heureuse, nous a conservé ce que leur goût avait condamné. Un retour, inspiré par leur dénûment de plus en plus senti et par l'admiration des autres peuples, les a ramenés aujourd'hui à des idées plus justes. Canova lui-même, admirateur passionné de cette antiquité grecque qui avait fini par nous faire oublier notre antiquité moderne, s'écriait, en présence des fresques de Florence, que le temps était venu (1) de ramener l'art italien à l'étude de ses com-

(1) Rosini, à la page 96 du tome II de son Histoire de la pein-

mencemens. On ne s'est peut-être point encore conformé à
son désir autant qu'il l'aurait voulu. Cependant les travaux des artistes et des critiques qui ont cédé à la même
pensée ont trouvé des adversaires obstinés dans les
hommes qui prétendent continuer directement l'esprit du
sculpteur vénitien ; et on rencontre aujourd'hui, dans les
ateliers comme dans les académies, deux partis contraires,
dont l'un persiste à regarder les peintres qui ont précédé
Raphaël comme indignes, non seulement de l'admiration,
mais presque de l'attention, dont l'autre pense à leur accorder un mérite même supérieur à celui de leurs hé-
ritiers.

La comparaison de la peinture des Grecs et de celle des
Italiens peut avoir le double avantage de faire connaître
plus exactement la première, de faire juger plus sainement
de la seconde. Jusqu'à ce jour, ceux qui ont étudié les anciens n'ont pas connu les modernes, et ceux qui ont parlé
des modernes n'ont pas connu les anciens. En éclairant le
jugement que l'antiquité a porté des tableaux de ses maîtres, par la vue des ouvrages de nos peintres, nous sau-
rons à quoi ce jugement pouvait s'appliquer ; et en trans-
portant aux ouvrages modernes les décisions du goût
antique, nous estimerons mieux quelle importance nous devons accorder aux écoles diverses dont i s sont l'expression ;
nous serons étonnés de voir que les anciens louaient, dans
chacune de leurs époques, précisément ce qui a brillé dans
chacune des nôtres, et qu'ils appréciaient cependant leurs
peintres par des règles différentes de celles que leurs
élèves appliquent aujourd'hui à l'appréciation de nos artistes. Mais je me propose un résultat plus considérable
encore. Je marquerai des différences et des ressemblances
dans l'histoire comparée de l'art grec et de l'art italien.
Les différences seront l'expression du génie particulier des
deux peuples ; les ressemblances seront les traits mêmes
de la théorie générale de l'art.

ture italienne, rapporte ces paroles précieuses, qu'il a lui-même
entendues.

CHAPITRE DIXIÈME.

Du Polythéisme et du Christianisme.

Avant de commencer la comparaison des Grecs et des Italiens, il faut faire plusieurs remarques sur ce qui a précédé l'avénement des uns et des autres. Les religions différentes qui les ont inspirés ont produit chez eux des dissemblances importantes dont il faut d'abord observer les principes les plus généraux.

Le polythéisme, tel qu'il nous apparaît au commencement de l'antiquité classique, ne sépare point l'idée de la divinité de celle de la nature. Aussi tend-il à confondre dans son culte la représentation et la chose représentée ; il donne une valeur presque égale au dogme et à l'image qui en est l'écriture sensible ; de là il suit que les figures tracées sur les murs du temple doivent être immuables, comme les doctrines, à la vérité desquelles elles participent. Ainsi les Egyptiens en usèrent, avant les Grecs, pendant ces longs siècles dont les monumens nous étonnent par leur uniformité. Ainsi les Grecs eux-mêmes l'entendirent longtemps dans leurs vieilles écoles, qui commencent à se faire connaître aujourd'hui. Pour les enhardir à rompre ces liens, il ne suffit pas de l'exemple des poëtes, qui altéraient sans difficulté les traits de la mythologie pour y substituer ceux de leur imagination ou de leur raison ; il fallut que la philosophie elle-même eût attaqué déjà les dieux anciens, et les eût, en quelque sorte, purifiés par des idées nouvelles, pour que l'art osât leur donner aussi d'autres figures formées d'après d'autres opinions. Anaxagore fut le contemporain des premiers artistes qui répandirent la gloire de la peinture grecque.

Le christianisme, au contraire, concevant Dieu non seule-

ment distinct, mais entièrement différent de la nature, ne
peut que le sous-entendre en elle ; et en offrant l'image du
Christ, qui a accompli en sa personne l'union du ciel et
de la terre, il ne peut encore prétendre qu'à faire voir la
forme humaine, dans laquelle s'opéra cette incarnation.
L'art demeurant ainsi incapable de saisir le dieu lui-même,
ne saurait donner rien d'absolu aux signes par lesquels
il essaie cependant de le représenter. Toutefois, le sacer-
doce s'occupe encore de régler ces signes, pour leur faire représenter les idées qu'il croit utile de peindre aux yeux des
peuples Par l'esprit d'immutabilité qui lui est propre, il
impose long-temps les mêmes signes pour figurer les mêmes
idées ; mais l'art retrouve dans la religion qu'il reçoit de
lui un secours pour le dépouiller de cette autorité. Il sait
qu'il peut revendiquer la liberté de la nature dans laquelle
le dogme n'est plus enveloppé ; il s'avise, sans que personne l'en blâme, de chercher, de choisir de nouvelles
formes ; mais, par une nécessité irrésistible, il amène ainsi
de nouvelles idées ; il y convie les penseurs, qu'il traîne
cette fois après lui. Et c'est lorsque les derniers peintres
ont été suivis des premiers philosophes, que le catholicisme s'alarme des hardiesses du génie humain.

Cette notion différente des deux religions entraîne bien
d'autres conséquences. Identifiant Dieu avec la nature, le
polythéisme devait chercher pour son culte les figures qui
imitaient mieux les formes de la matière : aussi adressait-il
d'abord ses hommages aux statues, où la grossièreté des
hommes pouvait plus aisément se tromper. Les couleurs consacrées, dans le commencement, à complé-
ter le mensonge de la sculpture, puis employées à en
animer les enseignemens, ne formèrent, à la fin, en se
séparant d'elle, qu'une imitation de ses traits et de ses
reliefs. La statuaire fut l'art principal de la société des
païens, parce qu'elle fut l'art nécessaire de leur religion ; la
peinture se soumit, chez eux, à ses lois, reçut ses types et
suivit ses changemens. Non seulement il est manifeste,
comme nous l'avons dit, que, au commencement, elle
imita, sur les murs, les bas-reliefs, dans les tableaux, les
statues à interprétation savante ; mais encore il est prouvé

qu'elle arriva par cette imitation de la nature Polygnote, qui, dit-on (1), avait enseigné l'art de peindre à Phidias, a été loué pour le grand air de ses figures : cependant il savait encore si peu les faire tenir sur leurs pieds, qu'on ne pouvait deviner, au rapport de Pline, si un guerrier, de sa main, transporté à Rome, montait où descendait (2). Qui eût pu faire une pareille remarque, je ne dis pas sur les statues de Phidias, également vivantes et sublimes, mais sur celles mêmes des sculpteurs éginètes qui avaient précédé l'Athénien ? La peinture fut tellement secondaire chez les Grecs, que, lorsqu'elle atteignit la perfection dont elle était susceptible, les statuaires avaient franchi l'époque des dieux et passaient déjà à celle des héros. Aussi, se modelant toujours sur l'art principal, elle prit le caractère qu'il avait alors, comme on en peut juger par les noms de ses plus célèbres ouvrages ; elle servit aux représentations historiques beaucoup plus qu'aux images religieuses.

Au contraire, le christianisme adressant ses hommages au dieu de l'esprit, s'il cherchait à le figurer par des signes sensibles, devait préférer aux statues, qui emportent l'idée d'une imitation équivalente, les tableaux, qui sont une représentation moins matérielle. Ayant condamné les idoles, il ne pensa, dès les commencemens, à employer les images que pour rappeler le souvenir de ses instituteurs. Ainsi, soit qu'il se proposât, comme dans les catacombes, de représenter sous des formes symboliques le bon pasteur qui avait ramené la brebis, soit qu'il voulût, comme dans les basiliques, conserver l'image du Christ, avec les portraits des patrons et des fondateurs du monument, il trouvait la peinture plus propre à rendre l'espèce de ressemblance qu'il demandait. La peinture devint donc l'art principal de la religion nouvelle, comme la sculpture avait été l'art nécessaire de l'ancienne ; et, quoi qu'en pensent encore aujourd'hui des hommes formés par l'étude des anciens, l'antique rapport des deux arts fut entièrement changé.

(1) Ottfried Müller, *Dissertations sur Phidias.*

(2) « In qua dubitatur, ascendentem cum clypeo pinxerit, an « descendentem. » (Plin., *Hist. nat.*, lib. XXXV, c. 35.)

Si Giotto a vu les sculptures de Nicolas de Pise, il n'a point reçu d'elles, comme on l'a trop dit (1), l'impulsion principale, et il les a singulièrement surpassées. Pour juger quelle était la valeur relative de ces deux artistes, il faut ne compter que leurs ouvrages authentiques : et comme je me garderais bien d'attribuer au peintre les images qu'on vient de retoucher dans l'église de Saint-Antoine de Padoue, je ne saurais non plus accorder au sculpteur les figures qui couvrent la partie aujourd'hui antérieure de la châsse de S. Dominique à Bologne (2), non plus que celles du dôme élevé à Orviette, probablement après sa mort. En comparant la chaire de Pise ou celle de Sienne aux peintures du réfectoire de Sainte-Croix et de l'église souterraine d'Assise, on pourra se convaincre non seulement que celles-ci ont un mérite bien supérieur, mais encore qu'elles sont d'un style tout différent. Giotto, qui a peu subi l'influence des sculpteurs qui l'ont précédé, a cependant fait sentir la sienne fortement à ceux qui l'ont suivi. Après avoir dessiné de sa main les portes qu'André, de Pise, exécutait pour le baptistère de Florence, c'était encore lui qui, un siècle après, inspirait par ses beaux ouvrages les artistes destinés à accomplir le renouvellement de la statuaire. Lorsque Ghiberti se présenta pour modeler les secondes portes du baptistère de Florence, il eut le bon goût d'être encore fidèle au style employé dans les premières ; mais quand il voulut exécuter les troisièmes portes, où, n'ayant plus seulement un pendant à faire, il se proposait de laisser un témoignage original de son génie, il sembla n'avoir point d'autre pensée que de surpasser, sur ses panneaux de bronze, faits peut-être pour une décoration plus monumentale, les images les plus fines et les

(1) Un professeur de Pise, M. Rosini, a renouvelé cette opinion par un reste de la vanité municipale qu'il reproche lui-même avec tant de raison aux Italiens.

(2) Vasari dit positivement dans la *Vie de Jacopo della Quercia*, qu'un Dalmate qui vint prendre à Bologne les leçons de ce maître, et qui y mourut en 1494, Niccolo, acheva avec tant de succès les figures du tombeau de saint Dominique, qu'il en fut surnommé *Niccolo dell'arca*.

plus élégantes de Giotto. Ainsi le chef-d'œuvre de la sculpture n'était à Florence qu'une imitation de la peinture. La religion qui avait donné la préférence à cet art en a maintenu la dignité jusqu'a nos jours ; elle l'a si bien marqué du sceau de son alliance, qu'il semble incapable d'atteindre toute la hauteur où il lui est permis d'aspirer, lorsqu'il veut peindre, même pour les hommes de notre siècle, d'autres sujets que ceux consacrés par la foi.

Enfin, les religions qui ont gouverné le monde antique et le monde moderne ont encore marqué dans les arts des différences qui proviennent des mêmes principes et qui sont plus connues. Le polythéisme ayant consacré le pinceau des premiers artistes de l'antiquité à diviniser l'univers, a employé le génie de leurs successeurs, même des plus lointains et des plus raffinés, à développer particulièrement les formes de la nature ; plus ses croyances paraissaient s'affaiblir dans l'esprit des hommes, plus l'influence s'en montrait d'une manière sensible dans leurs ouvrages ; et les dieux de la matière, vêtus quand on croyait à leur puissance, furent représentés dans leur nudité radieuse lorsqu'on cessa de les reconnaître. Pausanias nous apprend que les Grâces mêmes n'ont été peintes nues que dans un siècle voisin du sien (1). De là l'importance que l'art antique a donnée aux corps et à leurs angles, qui étaient le plus grand moyen qu'il eût de les rendre expressifs. Le christianisme, au contraire, se proposant, dès le principe, de donner, même dans les images empruntées au règne des animaux, un signe des vérités placées au-dessus de la nature, a tenu les corps de ses fresques non seulement vêtus, mais effacés et comme anéantis sous le vêtement ; il a porté tout l'effort de l'art sur les têtes, où, même après que le renouvellement de la civilisation antique eut soulevé le voile des corps, il a continué à peindre les mouvemens intérieurs de l'âme et à fixer le siége principal de l'expression.

Mais les deux religions eurent aussi des effets semblables. Pendant l'époque où elles eurent une autorité souve-

<hr>

(1) Pausanias, *Béotie*, c. 35.

raine sur l'art, elles y maintinrent des types fidèlement
transmis. Il n'est pas surprenant que les Egyptiens, si scrupuleux à conserver la pureté des mœurs indigènes, aient
gardé toujours avec le même respect les mêmes signes du
culte ; mais il est curieux de savoir que les Grecs, du temps
de Pausanias, avaient encore des monumens qui prou-
vaient que long-temps ils s'étaient fait un devoir religieux
de représenter leurs dieux non seulement sous des formes
convenues, mais encore avec des matières consacrées.
Quant à ceux qui ont prétendu que le christianisme n'a-
vait jamais eu un système arrêté d'images symboliques,
ils ont donné une preuve éclatante de leur ignorance ; les
Byzantins et leurs premiers élèves ont laissé dans toutes les
parties de l'Europe un nombre considérable d'images dont
il est facile de constater l'identité. Si les Occidentaux, lorsqu'ils se sont approprié les procédés de l'art de Constantinople, en ont modifié les figures, il est manifeste qu'ils
en ont conservé religieusement les traits essentiels pendant
toute la durée du moyen-âge. Au commencement du quatorzième siècle, Gaddo Gaddi représentait encore, à Pise,
le Christ sous les mêmes formes que les Byzantins lui avaient
données à Ravenne au sixième siècle.

J'ai été frappé d'une autre ressemblance plus particulière
que présentent les arts produits par les deux religions. A
leur origine, ils ont une prédilection presque égale pour
les formes animales. On sait quel usage les Egyptiens en
ont fait dans leurs symboles, et Winckelmann a suffisamment expliqué les vestiges qu'il en retrouvait encore chez
les Etrusques et même chez les Grecs. Ceux-ci, après avoir
étudié les animaux pour interpréter les mystères du culte
et pour relever l'expression des images, continuèrent à les
avoir en une telle estime qu'ils les jugèrent dignes du plus
beau travail, comme on le peut voir à Rome dans les gale-
ries du Vatican, et qu'ils les crurent même capables d'orner les plus graves compositions du genre historique. Les
chrétiens les ont employés, au commencement, avec une
profusion qui aurait pu faire croire qu'ils leur conserve-
raient plus tard une faveur plus grande. Les Latins qui
s'exerçaient dans leurs catacombes, et les Orientaux qui

fixèrent ensuite à Constantinople le système de représentations imposé longtemps à l'Europe entière, s'accor-
dèrent en ce point. Des Latins, il reste dans la bibliothèque
vaticane, parmi d'autres morceaux précieux, la copie d'une
ancienne fresque surmontée d'une suite de brebis dont la
principale porte une couronne. Ces brebis reviennent dans
toutes les mosaïques dont les Byzantins ont orné les apsides
des églises de Ravenne et de Rome ; elles y paraissent,
cette fois, sous les pieds des personnages, sortant ordinairement de deux portes opposées où sont écrits les noms
de Jérusalem et de Bethléem, et se réunissant auprès d'une
source dont les flots se partagent pour arroser toutes les parties du monde. Dans les plus anciennes des grandes images
chrétiennes, les quatre évangélistes ne sont aussi jamais
figurés que par les symboles qu'on peignit plus tard auprès
d'eux, et qui, après les avoir représentés, ne servirent
plus qu'à les désigner. Il est à croire que toutes ces figures
animales furent imaginées aux premiers temps, lorsque,
redoutant les représentations trop réelles, on ne songeait
encore à demander à l'art que des signes détournés. Peut-
être un motif analogue les avait-il fait adopter d'abord
dans l'antiquité. Mais plus tard le polythéisme, sans manquer à sa destinée, put ennoblir ce que le christianisme
écarta, en suivant la sienne.

CHAPITRE ONZIÈME.

Des Egyptiens et des Byzantins.

Il faut savoir ce que les Egyptiens ont pu montrer aux Grecs, ce que les Byzantins ont appris aux Italiens. Si, au siècle dernier, on avait annoncé au comte de Caylus, tout occupé à admirer le Corrége, que les Byzantins avaient été les premiers instituteurs de l'art italien dont il ne voulait voir que les derniers chefs-d'œuvre, assurément il se serait refusé à le croire, et il aurait trouvé de bonnes raisons pour démontrer que Vasari, plein des preuves de cette filiation, ne méritait aucune confiance. J'ai bien peur que certains élèves du comte de Caylus, qui s'obstinent aujourd'hui à nier l'enseignement donné par les Egyptiens aux Grecs, et qui réfutent les passages nombreux où Pausanias le met hors de doute, ne s'abusent aussi étrangement. Cependant, pour blesser le moins qu'il sera possible leur grande susceptibilité, j'admettrai volontiers des ménagemens qui, tout en respectant quelques scrupules de l'érudition, n'ôtent rien à la force de la théorie. Je me bornerai à considérer les Egyptiens comme ayant possédé, dans son caractère le plus tranché et le plus éminent, le genre de peinture par où les Grecs ont commencé ; il n'en restera pas moins évident que c'est aux Egyptiens qu'il faut remonter pour connaître les principes de l'enfance de l'art hellénique, comme il est avéré que les Byzantins ont formé ceux qui ont dominé les premiers essais de l'art italien.

Que les Grecs n'aient point tout appris des Egyptiens, je le croirai d'autant plus aisément que, sans compter les ressources de leur propre génie, on ne peut douter qu'ils n'aient aussi profité des exemples des peuples asiatiques.

Homère, qui n'a rien dit des peintures, a parlé des broderies savantes empruntées aux Phrygiens, et qui ont pu être un premier modèle d'imitation par les couleurs. On sait d'ailleurs par le témoignage de Pline (1) que Candaule, roi de Lydie, contemporain de Romulus, paya au poids de l'or un tableau où Bularque, qui ne pouvait être qu'un peintre asiatique, avait représenté la défaite des Magnésiens à une époque où il est certain que les Grecs ne formaient encore que les contours naïfs de figures immobiles. Deux siècles après, Anacréon appelait encore la peinture l'art de Rhodes. Nous verrons les suites illustres de ces écoles orientales, dont il fallait signaler l'antiquité pour indiquer quels exemples la Grèce en reçut dans les commencemens.

Je pense qu'on aura bientôt des preuves pour montrer que les Italiens, indépendamment des leçons des Byzantins, ont suivi aussi d'autres traditions. De grandes recherches, entreprises dès la fin du siècle dernier, dans les archives de toutes les villes de la péninsule où s'étaient développées des écoles particulières, prouvent déjà que, dans les principaux centres de la civilisation, vivaient, quoique altérés, les souvenirs continus des anciennes pratiques romaines. A Rome, on pourrait, à l'aide des peintures des catacombes, de celles de Sainte-Cécile, de celles qui ornent l'oratoire de Saint-Sylvestre dans le vieux palais des *Quatro-Santi*, recomposer l'histoire ignorée des suites de l'art latin; et sous le péristyle, latin aussi, de Saint-Laurent-hors-les-Murs, on trouve des images qui jusqu'au milieu du treizième siècle, comme l'a observé M. Raoul-Rochette, conservent encore, dans leur barbarie, les traces du style antique. Dans les villes qui, comme Pérouse, avaient pu garder, au milieu des invasions, l'importance qu'elles avaient eue sous les Romains, dans celles qui, comme Verceil, purent recevoir sous les Lombards un accroissement remarquable, la tradition latine persista.

(1) « In confesso perinde est, Bularchi pictoris tabulam, in quâ « erat magnetum prœlium, a Candaule rege Lydiæ, Heraclidorum » novissimo, qui et Myrsilus vocitatus est, repensam auro... Id « circa ætatem Romuli acciderit necesse est. » (Plin., *Hist. nat.*, lib. XXXV, c. 24.

Mais dans les villes neuves qui s'élevèrent après la des-
truction de l'empire, à Venise et à Florence, on appela
les Byzantins; et ce sont précisément ces cités, qui, destinées par leur nouveauté même à prévaloir, ont fait croire,
par leurs exemples plus connus, que les Byzantins avaient
également régné par toute l'Italie, où ils ont, en effet,
exercé beaucoup plus d'influence par la main de leurs
élèves que par leurs propres travaux.

Cependant, malgré ces remarques, il est incontestable
que les Egyptiens nous présentent l'exemple le plus complet de l'état par lequel la peinture grecque a commencé,
et que les Byzantins offrent le point de départ de la peinture italienne. J'observerai entre eux une différence importante. Les premiers avaient un art où se peignait encore l'enfance de l'industrie humaine ; celui des seconds
était au contraire, même en accordant sa grossièreté, un
débris de procédés perfectionnés et savans.

Ainsi les Egyptiens n'employaient que six couleurs, le
noir, le blanc, le rouge, le jaune, le vert et le bleu ; ils
les appliquaient sans les fondre, par teintes plates et entières ; ils les étendaient sur des figures qui toutes, hormis
celles d'Athor, étaient vues de profil, et qui présentaient par
conséquent les lignes les plus simples et les plus droites. Les
Grecs se vantaient d'avoir eu une peinture encore plus élémentaire ; mais comme ils varient beaucoup plus sur les
récits que Pline nous a transmis avec leur désaccord naïf,
il est difficile de les croire toujours. Pline raconte une
chose impossible, lorsqu'il dit (1) qu'on inventa à Sicyone
ou à Corinthe l'art de dessiner des traits à la ressemblance de l'homme, avant d'inventer, dans les mêmes
écoles, l'art de colorier ces images. L'esprit de l'homme
raffiné qui analyse, allant du simple au composé, doit
mettre en effet le dessin avant la couleur : mais l'usage
des peuples qui inventent, allant au contraire du con-
cret à l'abstrait, fait passer la couleur avant le dessin.

1) « Græci autem alii Sicyone, alii apud Corinthios repertam.
» omnes umbrâ hominis lineis circumductâ. Itaque talem primam
» fuisse : secundam singulis coloribus et monochromaton dictam. »
(Lib. XXXV, c. 5.

L'écrivain latin fait encore mieux ressortir l'invraisemblance de son récit lorsqu'il ajoute que cette première peinture linéaire, dont il a parlé, fut inventée par un Egyptien nommé Philocles (1), qui ainsi aurait connu l'art de peindre par les couleurs usité dans son pays, et qui cependant n'aurait su donner aux Grecs que l'art plus naturel, au gré de Pline, plus perfectionné, à notre avis, de peindre seulement par le trait. Il se dément aussitôt une seconde fois en disant que les premiers imitateurs de cet art linéaire, sans faire encore des monochromes, semaient dans leurs contours des lignes intérieures qui, selon la force de son expression, devaient y faire des ombres véritables (2). Mais ces ombres n'étaient-elles pas elles-mêmes une couleur déjà jetée sur la couleur différente de l'objet où on les formait? Et n'était-ce pas là un véritable monochrome? On voit au musée de Naples deux tableaux que les antiquaires ont appelés monochromes, et qui représentent par un simple trait rouge, sur un marbre blanc, des figures d'une finesse exquise et d'une expression hardie. Au compte de Pline, ce seraient des peintures linéaires qu'il faudrait rapporter à l'enfance de l'art ; mais si dans le simple trait dont elles sont formées on avait jeté des ombres ou des hachures avec le même crayon, il est évident qu'on aurait obtenu, par cette opposition d'une couleur à l'autre, ce qu'on peut raisonnablement entendre par monochrome. Cependant l'historien poursuit et rapporte que l'inventeur du monochrome fut Cléophante de Corinthe, qui, avec de la brique pilée, colora d'une seule teinte ces figures dessinées au trait (3). Mais les ombres n'étaient-elles pas beaucoup plus raffinées que cette grossière couleur où Cléophante a dû les noyer, s'il est vrai qu'il l'ait inventée après elles?

1) « Inventam linearem dicunt à Philocle Ægyptio, vel Cleanthe Corinthio. » (Ibid.)

(2) « Primi exercuere Ardices Corinthius, et Telephanes Sicyonius, sine ullo etiamnum hi colore, jam tamen *spargentes* lineas intus. » (Ibid)

3 « Primus invenit eas colorare, testa ut ferunt trita. » Cleophantus Corinthius » (Ibid.)

N'en doutons pas, ces récits sont des fictions par lesquelles le peuple toujours ingénieux de la Grèce a résumé les idées analytiques qu'il s'était faites des procédés du dessin ; la nature elle-même démontre qu'il a dû suivre en réalité une marche toute contraire. Aussi, pour écarter les fables, faut-il se transporter tout-à-coup au moment où les Grecs, après avoir long-temps peint, à l'exemple des Egyptiens, des figures de profil, soit avec une seule couleur, soit avec plusieurs couleurs posées à teintes plates, ainsi qu'ils le pratiquèrent long-temps, commencèrent enfin à tourner les figures de face et de trois-quarts, et à fondre les couleurs. Pline, nous le verrons, indique cet instant avec assez de précision ; mais, par une méprise nouvelle, il affirme que, même au temps d'Alexandre, Apelle et ses rivaux, qui ouvrirent la dernière époque de l'art, ne connurent que quatre couleurs (1), pour les blancs le *melinum*, pour les jaunes l'ocre attique, pour les rouges la sinopide de Pont, pour les noirs l'*atramentum*. J'en veux bien conclure que les anciens avaient de très simples moyens d'action. Cependant, comme dès l'ouverture de la première époque, Polygnote avait représenté à la Lesché de Delphes, sur le premier plan de ses fresques, des eaux et des herbes (2) ; comme d'ailleurs Pausanias, qui a décrit longuement ces peintures, dit expressément que l'artiste y avait figuré les génies infernaux d'une couleur bleue (3), il est impossible de ne pas reconnaître que dès lors les Grecs possédaient aussi ce bleu qui, produisant le vert en

(1) « Quatuor coloribus solis immortalia illa opera fecere : ex » albis Melino, ex silaceis Attico, ex rubris Sinopide pontica, ex » nigris Atramento, Apelles, Echion, Melanthius, Nicomachus, » clarissimi pictores. » (Plin , *Hist. nat.*, lib. XXXV, c. 32.)

(2) Ὕδωρ εἶναι ποταμος ἔοικε... καὶ κάλαμοι τε ἐν αὐτῷ πεφυκότες. (Paus , *Phocide*, c. xxviii.)

(3) Κυανοῦ τὴν χρόαν μεταξύ ἐστι καὶ μέλανος. (Ibid.) Κύανος est la couleur faite avec le lapis lazuli ; mais comme la couleur dont parle Pausanias est entre le bleu et le noir, on dira peut-être que c'est précisément cet *atramentum* que Polygnote composait avec le marc de raisin séché au soleil, et qui avait quelque apparence de bleu. Quelle que soit la matière, il n'en reste pas moins que Polygnote avait le bleu, et par lui le vert.

se mêlant au jaune, donnait, dès l'origine, les six couleurs fondamentales employées par les Egyptiens.

Les Byzantins au contraire pratiquaient un art compliqué, où, même dans la Barbarie, se résumaient les perfectionnemens des Grecs dont les Italiens leur ont conservé le nom. A la différence des Egyptiens qui peignaient les figures de profil, ils les représentaient de face. La douzième année de son règne, en 559, Justinien rendit un décret pour que désormais on substituât, dans les monnaies, au profil antique, la face de l'effigie. Ce changement, qui se faisait dans tous les autres modes de représentation, marque, on peut le dire, le moment solennel où l'art linéaire des anciens s'abîme, et où commence l'art expressif des modernes. Le Christ, dès cette époque, sur les médailles comme dans les mosaïques, qu'il soit debout où assis, se montre toujours de face, malgré toutes les difficultés des raccourcis qui ne sont aucunement considérées. La Vierge a la même position. C'est encore dans la même attitude que Justinien et sa femme Theodora-Augusta furent représentés à Ravenne, par les artistes contemporains, dans les admirables mosaïques de la basilique de Sant-Vitale et de celle de Sant-Apollinare-in-Classe. On aurait cru manquer à la majesté de Dieu et de l'empereur, si on ne l'avait montrée tout entière ; on représentait de profil les figures accessoires des disciples ou des courtisans. On avait des signes pour marquer encore des différences parmi celles-ci ; dans les premières mosaïques de Ravenne, comme dans celles qu'on exécutait encore à Rome au neuvième siècle, dans l'église de St-Marc, on entourait de l'auréole ronde et dorée les têtes des saints les plus vénérés, de l'auréole carrée et bleue, celle des moindres personnages.

Les couleurs qu'on prêtait à ces figures, appesanties par leur majesté, n'étaient plus les couleurs primitives, vives et sans mélange ; fondues au contraire, ou plutôt amassées, et sombres même dans leur éclat, elles tournaient aux tons les plus riches et les plus compliqués. Si on en jugeait par toutes les vieilles images qu'on voit dans les églises d'Italie et qui sont attribuées aux Grecs, il faudrait

croire qu'on avait à Constantinople, dans les siècles les
plus dégradés du moyen-âge, une couleur, sinon aussi variée, au moins aussi ardente que celle que Titien faisait
admirer à Venise dans la plus belle époque de l'ère moderne. La madone qu'on admire à Rome dans l'église de
Sainte-Marie en Cosmedin, cause sous ce rapport, et sous
celui de l'expression, de tels étonnemens que, malgré la
tradition qui la fait venir de Grèce, et, malgré les mots
Θεετοκωι Αειπαρθενχει qui, par leur orthographe, semblent
indiquer une époque reculée, on n'ose s'y appuyer même
pour faire des conjectures. On sait que la plupart des antiques vierges italiennes furent repeintes vers le milieu du
quinzième siècle (1. Cependant comme l'Allemagne aussi
en a gardé un assez grand nombre où l'on voit la même
touche, et comme, à défaut de l'église de Constantinople,
celle de Russie, qui aspire à en relever l'éclat, nous montre
les mêmes teintes héréditaires dans ses tableaux, il faut
bien se persuader que ces Byzantins, si méprisés, n'avaient
rien à envier à la chaleur de la palette moderne. Les mosaïques qu'ils ont laissées, et qui n'ont pu subir de retouches, nous montrent une vigueur de ton qui était évidemment montée au diapason général de la peinture ; celles
de Ravenne, par lesquelles il faut toujours commencer,
composées au sixième siècle, avec les restes encore indu-
bitables de l'industrie antique, et celles que les Cosimati,
Jacopo da Turrita, et Pietro Cavallini exécutaient à Rome
sous l'influence des premières lueurs de la renaissance,
présentent également ces apparences fauves et de haute
couleur qui sont estimées aujourd'hui comme la perfection
même de l'art. Leur coloration nous montre moins encore
le point de départ de l'art moderne qu'un abrégé de l'art
antique, de même que le plain-chant de nos églises est
moins le principe de notre musique que la fin de celle des
anciens. On a pensé avec raison qu'on pouvait chercher
dans la psalmodie sacrée les débris des chants de la Grèce ;
je suis persuadé aussi que la peinture chaude des Byzan-

(1) Rosini, Storia della pittura italiana, t. II, ch. 8, et dans
la note treizième.

uns est un héritage direct des belles manières d'Athènes et surtout de Sicyone, et que son ardeur sombre et étudiée était ce que les Romains admiraient tant, sous le nom d'*austeritas*, dans les peintres du siècle d'Alexandre, comme les modernes l'admirèrent à leur tour dans les pages des artistes de l'époque de Léon **X**. Mais on comprend que, partir des couleurs tranchées des Egyptiens, pour arriver à ce riche mélange, ou partir au contraire de ce mélange pour y retourner sont deux choses tout-à-fait différentes.

Comme je ne saurais absolument admettre que les Egyptiens n'aient en aucune action sur la peinture grecque, il me semble que cette influence a pu s'exercer par des moyens détournés, semblables à quelques uns de ceux par lesquels les Byzantins ont agi sur la peinture italienne. Il paraît probable que l'art égyptien a d'abord sauté par-dessus la Grèce, si je puis m'exprimer ainsi, pour visiter les Etrusques. Les images des tombeaux de Tarquinies ressemblent trop à celles des monumens de Thèbes et de Philæ, pour qu'on ne soit pas obligé de reconnaître la filiation qui les y rattache. Mais cette imitation égyptienne, appropriée par les Etrusques au génie occidental, a bien pu être ainsi livrée par eux, déjà transformée, aux Grecs, qui, personne n'en doute aujourd'hui, ont exercé leur civilisation dans l'Asie-Mineure et dans l'Italie, avant de la développer sur leur propre continent. Zeuxis, un des premiers artistes qui aient connu le beau style en Grèce, rappelé en Sicile, y dut trouver les arts au moins aussi puissans qu'il les avait laissés à Athènes, si on croit le récit de la vie qu'il menait à Agrigente, et de la demande qu'il adressa aux habitans de Crotone. Ainsi, suivant toutes les analogies raisonnables de l'histoire de l'art et de la civilisation, les peuples réunis de l'Etrurie et de la Grande-Grèce ont pu opérer, au profit du continent hellénique, une des transformations les plus importantes de la tradition orientale.

De même, à mon sens, l'art byzantin a sauté, pour ainsi dire, par-dessus l'Italie pour produire, en France et en Allemagne, des écoles dont je vois plus clairement que jamais l'influence dans les beaux efforts que fit le génie de la péninsule à l'époque de la renaissance. En consultant les premières pages du magnifique recueil que M. de Bastard a entrepris pour reproduire les peintures de tous les vieux manuscrits de l'Europe, on pourra se convaincre jusqu'à quel point les Orientaux nous avaient imposé les formes de leur goût dès le temps de Charlemagne et de Charles-le-Chauve. Par les monumens que j'ai étudiés en Allemagne, on s'assurera aussi de tout ce dont les princes saxons, qui relevèrent, au-delà du Rhin, l'empire de Charlemagne, furent redevables à Constantinople.

L'empire germanique, sous le rapport des arts, peut être considéré comme une grande succursale des Byzantins ; de là en effet, on voit, de siècle en siècle, s'acheminer vers l'Italie des artistes, y apportant toujours le même système oriental qu'ils développent chez eux, aux bords du Rhin, du Danube ou de la Saale (1). A Pistoja, vieille et grande ville toscane, qui a précédé Florence et qui l'explique, la chaire que l'Allemand Buono sculptait en 1300, et dont Vasari a si justement répété l'éloge (2), est, dans son faire habile, le chef-d'œuvre d'un homme encore soumis aux principes de l'art byzantin, comme s'y rattache aussi entièrement le campanile élevé à Pise par un autre Allemand, Maestro Guglielmo.

Cependant la France, après s'être mise, sous les Carlovingiens, à l'école des artistes de Constantinople, en était sortie, sous les Capétiens, pour opérer la première et peut-être la plus étonnante métamorphose que la tradition byzantine ait subie en Occident ; c'est chez nous, on ne le dira jamais trop vertement, qu'au milieu des premières gloires de la science des modernes, s'épanouit aussi la première fleur de leurs arts. Comme la scolastique française a été le berceau de l'esprit de l'Europe, la cathédrale française a été celui de son génie. Notre goût, en généralisant, à son éveil, la forme de l'ogive, ne donna pas seulement la mesure de sa finesse et de son audace, il produisit le principe

(1) Je suis obligé de renvoyer à mon livre *De l'art en Allemagne*, dont une étude attentive des monumens de l'Italie m'a confirmé les principales conclusions.

(2) *Vita di Niccola e Giovanni Pisani.*

d'un art tout nouveau que les ordres de Saint-Dominique et de Saint-François, partis aussi du même foyer, répandirent dans toute l'Europe et établirent, notamment en Italie, sous la protection des soldats conduits par les frères et par les enfans de saint Louis. Florence, qui prenait jusqu'à notre lis, a été façonnée tout entière par les moines de Santa-Maria-Novella et de Santa-Croce, formés à nos écoles, et dessinant, à l'imitation de nos ogives, leurs églises et leurs cloîtres, premier asile de la renaissance. A Naples, les Angevins répétaient exactement les monumens de Paris, où Giotto venait enfermer son génie dans leurs lignes, et en reproduire les enlacemens, comme on le peut voir encore par ce qui reste des fresques de l'Incoronata. A Assise, cette double église de Saint-François, où l'on vénère, non sans raison, le plus auguste sanctuaire de l'art italien, ressemble de si près à la Sainte-Chapelle de Paris, qu'elle frappe, dès le premier regard, comme une traduction intelligente de notre système français légèrement modifié par un climat différent. Enfin à Pistoja, lorsqu'en face de la chaire byzantine de Maestro Buono, dont je parlais tout-à-l'heure, Jean de Pise, le Giotto de la sculpture, comme son père Nicolas en avait été le Cimabué, voulut élever, en 1520, une chaire plus belle, il l'exécuta dans ce style dont l'ogive est le principe, et qu'il avait déjà employé avec profusion au Château-Neuf de Naples, construit sur le modèle de la bastille de Paris, aux façades des dômes d'Orviette et de Sienne, brodées toutes deux de nos brillantes fleurs septentrionales, et, pour ne rien dire de plus, à ce maître-autel de la cathédrale d'Arezzo, destiné à servir de modèle au Nurembergeois Pierre Fischer, pour sa châsse de saint Sébald.

Si on pensait que de si grands changemens survenus dans les formes générales de l'art ne fussent point suffisans pour affecter celles de la peinture, j'ajouterais que, dans nos églises humides et obscures, les vitraux étant la seule partie propre à conserver des images intactes et à les rendre visibles, furent couverts, dès le treizième siècle, de grandes figures, accommodées à l'élégance des ogives qui les contenaient, et conçues dans un style monumental qui se fait encore admirer aujourd'hui. Ce sont là les peintures particulières de la France, qui en garda l'art en propre et qui, comme on le voit dans l'article consacré par Vasari à Guillaume de Marseille, le communiquait, vers le commencement du seizième siècle, à l'Italie dépourvue de ces ornemens. Mais Giotto, ainsi que Benvenuto Cellini le savait de source certaine, avait visité la France ; et s'il en parlait la langue, comme le Dante, il devait, à plus forte raison, en avoir, comme lui, étudié les beaux ouvrages. Il avait donc jugé lui-même par des exemples nombreux et frappans, quelle était la transformation où la peinture était conduite par les changemens de l'architecture. Il se pénétra tellement du principe nouveau développé par la France, que presque tous les tableaux touchés par lui ou par ses élèves nous offrent l'ogive, non seulement dans les découpures du cadre, mais encore dans le trône de la Vierge, imité de cette *Chaise* qui a donné son nom à des monnaies où les fils de saint Louis paraissent assis.

Ainsi les Egyptiens, qui ont eu des communications immédiates avec la Grèce, ont peut-être plus influé sur elle par la voie indirecte des peuples de l'Asie-Mineure et de l'Italie qui les premiers, dans l'antiquité, ont commencé la métamorphose du génie oriental ; et les Byzantins qui ont eu des écoles connues à Naples, au Mont-Cassin, à Pise, à Florence, à Venise, ont agi aussi d'une manière non moins vive sur l'Italie moderne par la main des Allemands, qui les suivaient avec fidélité, et par celle des Français, qui, les premiers, ont librement transformé leur tradition.

CHAPITRE DOUZIÈME.

Des Écoles.

Si les antiquaires qui se sont appliqués à éclaircir l'histoire de l'art grec avaient mieux connu celle de l'art italien, ils auraient évité de graves erreurs. Junius, que la France peut justement revendiquer, quoiqu'il ait passé presque toute sa vie en Angleterre, fut assurément un des savants les plus remarquables du dix-septième siècle ; bibliothécaire du comte d'Arundel, qui, sous Charles Ier, forma les premières collections artistes de son pays, il recueillit, dans les écrivains classiques, avec une sagacité dont il fournit bien d'autres preuves, les textes propres à donner aux goûts de son maître l'appui de l'érudition ; mais voulant écrire sur la peinture des anciens (1), sans s'être suffisamment approprié les secrets des modernes, il fut obligé, d'un côté, dans le cours de son livre, de rapporter les résultats de ses études à quelques idées vulgaires sur l'imitation, de l'autre, à la fin de ce livre qui faisait faire si peu de figure à son savoir, d'en reprendre les matériaux pour les distribuer de nouveau, sans critique, sous les noms des artistes de l'antiquité, ainsi également privé de lumière, soit qu'il essaie du système, soit qu'il se borne à compiler.

A la fin du même siècle, nous étions cependant bien loin encore de produire rien de si remarquable : ce que Perrault toucha des peintures de la Grèce, dans son *Parallèle des anciens et des modernes*, nous paraît d'autant plus fâcheux qu'il en resta, malgré le tort donné à l'auteur sur presque tous les autres points, une impression

(1) *De pictura veterum.* Amsterdam, 1637, in fol.

considérable. Au dix-huitième siècle , lorsqu'il se trouva
des grands seigneurs qui voulurent faire chez nous ce que
le comte d'Arundel avait fait un siècle auparavant en Angleterre , les savants à qui revenait le rôle de Junius
rencontrèrent beaucoup de préjugés qu'ils partagèrent
eux-mêmes en les combattant. Le comte de Caylus, qui
commença par approuver tous les éloges donnés par Pline
à la peinture des anciens , ayant ensuite pris le temps de
la réflexion, céda aux opinions légères des artistes médiocres au milieu desquels il vivait. Dans les mémoires
qu'il lut à l'Académie des Inscriptions et Belles-Lettres (1),
sur le trente-cinquième livre de *l'Histoire naturelle* de
Pline, après avoir fait une critique , souvent peu fondée ,
de son auteur, il essaya, d'après lui , de distinguer les
genres de peinture pratiqués chez les anciens , et d'apprécier les artistes qui s'y étaient distingués ; mais pour
animer le texte latin , obligé de recourir aux exemples modernes, que son siècle comprenait mal, il se forma des
idées gâtées par les principes mêmes sur lesquels il s'ap-
puyait. Le père de la Nauze, qui lui répondit dans un
Mémoire trop long et trop gravement puéril , se contenta
d'étaler ses connaissances chronologiques par une suppu-
tation d'Olympiades qui ne menait à rien. Plus réservé ,
du moins, dans un sujet que les mauvaises théories de
cette époque rendaient seules impénétrable, Winckelmann
se bornait à décrire les images qu'il rencontrait à Rome
et à Naples ; averti par un admirable instinct, il aimait
mieux ne pas toucher à l'histoire de la peinture antique
que de la fausser.

Le comte de Caylus ayant vu que Pline mentionnait
chez les Grecs une certaine diversité d'écoles, ne crut pas
devoir s'y arrêter, parce que, dit-il, de son temps on avait
renoncé à ces distinctions pour ne plus parler que des
maîtres en particulier et de leurs élèves (2). En isolant
ainsi les artistes des écoles où ils s'étaient produits, le

(1) Mémoires de l'Académie des Inscriptions et Belles-Lettres,
t. XIX et XXV.

(2) Mémoires de l'Académie des Inscriptions et Belles Lettres.
t. XXV, deuxième partie, p. 191.

dix-huitième siècle croyait peut-être augmenter leur importance, et en détruisait même le sens. Notre époque peut se vanter, au contraire, de les avoir agrandis aux yeux des gens raisonnables, en les remettant à leur place dans les séries dont ils ont marqué les progrès. Elle a repris possession de la vérité, lorsqu'elle est arrivée à considérer chaque école comme un seul homme, et les artistes de chacune comme les saisons différentes ou comme les facultés diverses d'une même vie. C'est en suivant cette notion essentielle qu'on a pu s'élever de la considération de quelques maîtres qui ont caché dans leur gloire les utiles travaux de leurs devanciers, à ces initiateurs qui, dans leurs œuvres jusqu'alors méconnues, avaient renfermé le germe des plus grandes beautés de leurs successeurs. On a pu alors se donner l'aspect complet de l'art moderne dans le majestueux ensemble de ses monuments ; en portant les yeux de ce magnifique spectacle, réservé à notre siècle, sur les écrits jusqu'à présent obscurs des historiens de l'art antique, il n'a pas été difficile de leur trouver un sens nouveau.

Les écoles ne sont, à bien prendre, que les manières diverses dont des races différentes comprennent et exercent un même art. Elles constituent des traditions séparées où se perpétue, même en se transformant, le génie particulier de la population et de la terre dont elles sont l'expression. Aussi rien n'est plus vrai que les noms qui ont été donnés tour à tour par les anciens et par les modernes aux grandes séries de leurs artistes. Quand les Grecs distinguaient l'école helladique, l'asiatique, et plus tard la sicyonienne, ils signifiaient, avec raison, qu'ils sentaient dans chacune d'elles le caractère de peuples distincts ; quand les Italiens ont discerné, même à l'infini, les écoles de Florence, de Rome, de Venise, de Bologne, et toutes celles de noms moins connus, qu'il serait trop long de nommer, ils faisaient bien entendre que chacune de ces villes, centre en effet de races diverses, même après tant de servitudes communes, exprimait, par le pinceau de ses citoyens, l'indépendance particulière de son esprit. Si les Grecs ont distingué moins d'écoles, c'est que l'opposition des génies de l'Occident et de l'Asie effaça longtemps à leurs yeux toutes les autres ; si les Italiens en ont au contraire discerné un plus grand nombre, c'est que, ne voyant rien autour d'eux qui pût leur être comparé, ils ont examiné avec plus de soin leurs rivalités intérieures. Cependant, entre les uns et les autres, je vois encore ici des similitudes qui me semblent pleines de lumières.

On a revendiqué pour Sicyone et pour Corinthe l'honneur d'avoir vu naître les plus anciennes écoles de la Grèce, comme de nos jours pour Pise et pour Sienne, celui d'avoir enfanté les premiers peintres italiens. On a cité à Sicyone et à Corinthe les noms fabuleux de Téléphane, de Cléanthe, d'Ardices et de Cléophante ; mais qui, même chez les anciens, s'assura jamais de la réalité de leurs œuvres ? On a invoqué, en faveur de Pise celui de Giunta, en faveur de Sienne celui de Guido di Gherro. Mais il suffit d'avoir vu à Assise le portrait que le Giunta faisait de S. François au commencement du treizième siècle, pour s'assurer qu'il valait alors beaucoup mieux suivre exactement les traces des Byzantins, que de s'en écarter si peu, pour faire si mal. Et, tout au contraire, quand on a admiré, dans l'église de St-Dominique de Sienne, cette fameuse Madone, où l'on a voulu lire, à côté du nom de Guido, la date de 1221, on demeure convaincu, pour peu qu'on ne soit point soumis aux influences de la vanité municipale, qu'exécuté en 1321, comme le prouve la répétition du même nom sur des tableaux de cette dernière époque (1), elle était encore alors un véritable prodige de goût et de naturel, enfanté par l'imitation de Giotto. Du reste, il ne faut pas nier que Sicyone et Corinthe n'aient eu des dynasties plus vieilles que celles d'Athènes ; situées plus directement sur le passage principal du pays, les deux premières villes eurent les avantages du commerce avant celle qui n'effaça que plus tard leur éclat. De même aussi, on ne saurait se refuser de reconnaître que Pise, secondée par sa position maritime, et Sienne par la sûreté de ses collines

1) M. Rosini n'ose pas soutenir cette opinion, dont cependant il donne les preuves les plus certaines au ch. IX du t. II de son Histoire de la peinture italienne.

écartées, ont précédé, dans la voie de la civilisation, Florence, que rien ne semblait enrichir ni défendre au fond de sa grande vallée. Si donc on veut dire que Sicyone et Corinthe, Pise et Sienne ont employé des ouvriers à des travaux de peinture, avant Athènes et avant Florence, on demeure dans les termes de la vraisemblance et de la raison.

Mais, à mon sens, on ne doit pas moins être convaincu qu'à Athènes et à Florence, a commencé pour les anciens et pour les modernes, cette première et libre transformation qui, des flancs de l'art hiératique, a fait sortir le bel art ; Polygnote a ouvert au Pœcile l'histoire de la peinture grecque, comme Giotto, à la chapelle du Podestat, celle de la peinture italienne. Athènes et Florence se sont trouvées placées au milieu de populations différentes dont elles ont dominé le génie en le résumant.

Athènes est le point qui partagea et qui unit l'esprit indulgent des colonies de l'Asie, et l'esprit plus rude des Doriens du Péloponèse. D'une part, au-delà de la mer Egée, étaient les côtes de l'Orient, où des Grecs, partis du continent européen, s'étaient les premiers éveillés, puis amollis au contact des populations indigènes. Les deux grands états qui occupaient la partie méridionale de ces plages de l'Asie-Mineure, la Lydie et la Carie, avaient reçu ou formé les plus ingénieuses colonies de la Grèce. La Lydie, où, avant la quinzième Olympiade, le peintre Bularque avait déjà fait un tableau de bataille digne d'être payé au poids de l'or, avait cédé son rivage à l'Ionie ; et Ephèse, que les Hellènes y avaient choisie pour être leur principal établissement, réunissant, autour du temple de Diane, toute la superstition et toute la mollesse des Orientaux, devenait, à ce double titre, un lieu propice au développement de l'art. Au-dessous de la Lydie, la Carie avait laissé couvrir ses golfes par des colonies plus fortes et non moins industrieuses ; elle avait vu ses premiers habitans remplacés à Halicarnasse et à Cnide, dans les iles de Cos et de Rhodes, par les Doriens, qui, en cet endroit, semblent s'être approprié, aussi facilement que les Ioniens, toutes les délicatesses de la civilisation. Ces deux grands foyers, dont Éphèse au nord, Rhodes au midi, étaient les places les plus importantes, devaient certainement différer entre eux, comme partout ont différé le génie des Ioniens et celui des Doriens, et se confondaient cependant pour les Grecs du continent, à un certain point de vue, comme deux reflets du génie de l'Asie. Mais plus haut, dans l'Archipel, se trouvaient aussi des îles qui avaient des écoles formées d'une manière probablement diverse sous les mêmes influences. Sans parler de Lesbos, célèbre surtout par ses musiciens et par ses poëtes ; Lemnos, que les Cariens occupaient encore du temps de Miltiade, donnait elle-même à ses artistes la plus belle couleur rouge dont les Grecs aient usé ; et jusqu'en face des côtes de la Thrace, Thasos, colonisée primitivement par les Phéniciens, d'une fertilité proverbiale, fournissait des carrières, des mines, et des génies dont nous verrons que la Grèce tira le plus grand avantage. Polygnote venait de Thasos, Parrhasius d'Éphèse, Apelle de Cos, Protogène de Rhodes; c'est dire assez à l'avance quelle fut l'immense part de ces écoles orientales dans les plus beaux développemens de la peinture grecque.

Il est à croire que, quoique situées de l'autre côté du continent grec, la Sicile et la Grande-Grèce participèrent plus que lui de l'esprit oriental ; la mer était une voie commode pour réunir les colonies aventureuses de Rhodes et de Catane, d'Éphèse et de Crotone. C'était la route que la philosophie prenait avec Pythagore, laissant en chemin, comme l'art faisait aussi probablement, l'Attique et le Péloponèse, plus longtemps obscurs et grossiers. Zeuxis, qui avait été élevé à Himère, semble rappeler beaucoup, avec plus de raffinement, la manière de Polygnote, qui était parti de Thasos.

Lorsque le continent grec s'éveilla enfin, Athènes, qui avait devant elle toutes les écoles orientales de l'Asie-Mineure et de l'Archipel, trouva immédiatement derrière elle, dans le Péloponèse, d'autres écoles où le vieil esprit de l'Achaïe était demeuré enveloppé pendant de longs siècles, et commençait à se faire connaître par des manifestations de plus en plus tranchées. Les Doriens, qui s'étaient établis à

Sicyone et à Corinthe, imprimaient au génie local, à mesure qu'ils se développaient, un caractère plus énergique. Par une lenteur propre à leur race, plus pesante et plus rude, ils ne produisaient pas les artistes qui devaient donner le signal éclatant de l'affranchissement ; mais une fois qu'ils l'avaient reçu, ils enfantaient Timanthe, Eupompe, Pamphile, Pausias. Formant l'art à l'image de leur esprit, que la civilisation polissait sans l'effacer, ils donnaient à leurs ouvrages tout à la fois le cachet de la réflexion et de la nature ; mais dans leurs idées comme dans leurs imitations, ils portaient cette austérité magistrale qui finissait par subjuguer les autres écoles. Les Orientaux, au contraire, montraient dans leurs images cette grâce coulante, cette subtilité délicate qu'ils tenaient de leur climat, et qui caractérisait toutes leurs conceptions. Entre ces deux extrémités, Athènes avait pour elle la hardiesse du premier mouvement, la vérité s'écartant également de la pesanteur des Doriens et du raffinement des Asiatiques, la noble vraisemblance qui généralise sans affectation, la proportion qui mesure avec justesse, la majesté tempérée, élégante et naturelle. Telles sont, en effet, les qualités que nous verrons briller dans Apollodore, dans Asclépiodore, dans Euphranor, dans Nicias. Les Grecs ne distinguent d'abord que deux grandes manières, celle des colonies et celle de la métropole, appelant la première asiatique, la seconde helladique ; quand les Doriens eurent forcé, dans la vieille école de Sicyone, l'expression de leur sévère génie, on connut trois écoles principales : l'ionique, l'attique et la sicyonienne (1).

M. le comte de Caylus, au lieu de mépriser un pareil renseignement, en aurait sans doute fait jaillir des clartés précieuses, si, en s'appliquant à l'étude des origines de l'art moderne, il avait vu que Florence avait été, comme Athènes, placée entre les génies de deux races différentes.

(1) « Eupompi auctoritas tanta fuit, ut diviserit picturam in genera tria, quae ante eum duo fuere : Helladicum, et quod Asiaticum appellabant. Propter hunc qui erat Sicyonius, diviso Helladico, tria facta sunt : Ionicum, Sicyonium, Atticum. » Plin., *Hist. nat.*, lib. XXXV, c. xxxvi.)

La Toscane, dont la ville des Médicis a fini par devenir la capitale, appuyant sa large base sur la mer Tyrrhénienne, a les deux autres côtés de son triangle marqués par les hautes cimes des Appenins, qui, d'une part de la Spezia, s'avancent presque en droite ligne sur Rimini, et qui, de l'autre, en redescendent plus directement encore vers la campagne romaine. Dans ce coin énergique, où se sont abrités les restes les plus certains des peuples étrusques, Rome même, déjà puissante, n'osait point trop s'aventurer ; elle se contentait d'en envelopper extérieurement les murs par les deux grandes lignes de la voie Emilia et de la voie Flaminia, réunies, à Rimini, au bord de la mer Adriatique. L'Arno, qui coule dans ce pays, si exactement circonscrit, en est l'artère principale, comme le Tibre est celle du pays placé au-dessous, comme le Pô est aussi celle du pays placé au-dessus. Le long du Tibre vivent mille races confondues, sur lesquelles les Ombres au nord, puis les Latins au midi dominèrent, et que Rome a pétries ensemble avec l'or comme avec la fange des nations. Le long du Pô habitent les descendans des Celtes, qui avaient jusque là porté l'énergie et le nom de la Gaule. Les nouveaux conquérans qui, depuis deux mille ans, ont passé sur ces contrées, ont brisé l'unité factice qui les avait réunies, et ont fait reparaître le caractère des premières populations, impuissans eux-mêmes presque partout à y marquer autrement leur empreinte. Au midi, sur le Tibre, s'est retrouvé l'esprit souriant et amolli de l'antiquité policée ; au nord, sur le Pô, l'esprit ferme et positif de notre barbarie gauloise ; au centre, sur l'Arno, l'esprit ingénieux des Etrusques, qui, comme celui des Athéniens, a tenu le milieu entre les deux extrémités, et les a unies.

Les Allemands, dans ces dernières années, ont beaucoup écrit pour montrer qu'avant que l'école romaine illustrât les bords du Tibre, on avait vu fleurir, surtout vers les sources du fleuve, des artistes remarquables, qu'ils se sont plu à rassembler sous le nom commun de peintres ombriens. Ils ont observé que leur caractère dominant était une douceur suave, une grâce tendre dont Raphaël a été l'heureux héritier. Ils ne se sont peut-être trompés, à mon sens, qu'en attribuant à une influence plus directe du christianisme ce sourire et cette délicatesse souvent affectés, qui rappellent, même dans leurs chastes délices, les voluptés du paganisme. Le catholicisme a sans doute épuré, dans ce pays, les descendans des païens; mais comme il y laisse partout reconnaître leurs mœurs, partout aussi il laisse apercevoir leur art. Ce n'est pas Raphaël qui a ramené la Vénus antique sous ce ciel brûlant; elle n'a jamais cessé d'y régner; cachée sous le feuillage des solitudes apennines, et rajustant avec une pudeur inconnue son léger vêtement, l'Anadyomène apparaissait aux moines d'Assise et aux fidèles d'Orviette avant d'enflammer les artistes Romains; elle conduisait la main coulante des miniaturistes de Gubbio; elle poussait le pinceau gracieux de Perugin, avant de reparaître toute vive et toute émue dans les pages du divin jeune homme d'Urbin.

Le long du Pô, les artistes se sont montrés plus tard, et avec un caractère bien différent. Après que Giotto leur eut porté les pratiques toscanes; Gentile da Fabriano, les traditions de l'Ombrie; Léonard de Vinci, les derniers perfectionnemens de l'école de Florence, ils conservaient leur physionomie particulière. Dans les écoles diverses, entre lesquelles on les partage ordinairement, et qui, en effet, selon qu'elles s'avancent de notre côté ou du côté de l'orient, ont plus d'esprit ou plus de gravité, ils ont toujours des signes communs auxquels on peut reconnaître leur fraternité. A Padoue, ils sont plus exacts avec le Mantegna; à Venise, plus sévères avec le Titien; à Parme, plus piquans avec le Corrége; à Bologne, plus étudiés avec les Carraches : mais tous ils s'appliquent, par un effort qui demeure visible, à trouver ensemble l'imitation de la nature et l'expression réfléchie; ils ont fini en se résumant par ce coloris vénitien, si austère dans sa richesse, si profond dans son effet, et que l'école de Bologne généralisa pour l'imposer au monde entier.

Au bord de l'Arno, a fleuri plus vite un art moins suave que celui des Ombriens, moins pesant que celui des Lombards, plus animé, plus élégant, plus spirituel que les deux autres. Là les Athéniens de l'âge moderne ont frayé la voie avec hardiesse, l'ont suivie avec persévérance, l'ont semée des chefs-d'œuvre qui, tour à tour, ont incliné à la majesté et à la grâce, mais qui ont toujours eu également en commun la noblesse et l'aisance. Ce sont eux qui, secouant le joug des Byzantins, en ont altéré les formes consacrées, pour y substituer des formes où étaient empreintes de nouvelles idées. Ils ont rapproché leurs propres images de la nature sur laquelle ils s'appuyaient pour se délivrer des entraves d'une tradition immobile ; cependant ils ne se sont point affranchis de l'écriture hiératique pour se donner, dans la matière, un maître plus grossier. Ils ont prêté à leurs figures les apparences de la réalité ; ils les ont douées d'un esprit supérieur, calme dans sa force, toujours simple dans sa grandeur, et toujours superbe, même dans sa grâce. Ils ont su généraliser les contours des choses sans les amollir ; ils ont su les préciser sans les allourdir ; et si on leur a disputé le prix de l'art, on leur en a laissé l'initiative, le haut goût, les mélanges faciles et heureux.

Ces trois grandes écoles de l'Arno, du Tibre et du Pô, me paraissent former les divisions essentielles dans lesquelles rentrent les distinctions plus nombreuses qu'on a faites jusqu'à ce jour ; j'en propose les dénominations nouvelles d'autant plus volontiers que je les vois répondre naturellement et sans efforts aux trois grandes différences que les Grecs faisaient entre la manière de l'Attique, celle de l'Asie, et celle du Péloponèse.

CHAPITRE TREIZIÈME.

Des Epoques.

Les antiquaires du dernier siècle, ayant négligé ce que
Pline disait de la distinction des écoles grecques, n'ont pas
mieux su interpréter la diversité qu'il a fait voir entre les
époques où elles se sont développées. Ils eurent cependant
sous les yeux, dans tout l'éclat de sa nouveauté, cette belle
théorie des époques que Winckelmann avait donnée dans
l'histoire de la sculpture, et qui est son chef-d'œuvre :
mais l'Allemand lui-même a été empêché peut-être de l'appliquer à la peinture, pour n'avoir point connu ni estimé
suffisamment les premiers pas de l'art moderne. En général, les critiques ont admis jusqu'à ce jour que tous les
peintres loués par les Grecs, et par Pline leur écho, avaient
possédé la plénitude des ressources de l'art, comme ceux
qui, chez les modernes, ont suivi Raphaël ; on trouve, au
contraire, dans les textes anciens, les éloges les plus pom-
peux donnés par le peuple le plus éclairé de la terre, et
par les meilleurs juges qu'il ait produits, à des artistes qui
étaient aussi étrangers aux derniers perfectionnemens que
ceux qui ont commencé les écoles italiennes. Quel eût été
l'embarras des antiquaires du dernier siècle, si on leur
eût fait remarquer qu'Aristote manifestait l'admiration la
plus enthousiaste pour des ouvrages qui n'étaient pas plus
avancés que ceux de Giotto ! Mais quelle ne doit pas être
aussi notre sécurité, lorsque nous voyons qu'en revenant
à l'étude des premiers maîtres toscans, nous nous accordons avec les décisions des plus beaux génies de la Grèce !

Les Grecs n'ont donc pas, comme on le faisait au dernier siècle, borné le bel art à une seule époque ; ils l'ont
conçu, au contraire, comme un développement successif

de plusieurs âges marqués par des caractères très différens. Ils ont eu en estime les artistes qui ont ouvert la carrière , peut-être plus que ceux qui l'ont fermée. Ils ont compris enfin tous les progrès enchaînés, tous les balancemens savans des générations qui se suivent, et qui se modifient et se répètent tout ensemble. Ainsi ils nous préparaient des exemples que l'étude des modernes nous rend plus sensibles et plus frappans encore. Par les paroles dont ils se sont servis pour faire l'éloge de leurs artistes , non seulement ils nous donnent à entendre quels sont ceux des nôtres que nous pouvons louer avec assurance , mais encore ils nous fournissent les traits dont nous devons marquer les évolutions de l'histoire générale de la peinture. Cependant, je m'étonne moins de cette rencontre, suffisamment expliquée par la force de leur destinée et de leur esprit, que de la similitude vraiment singulière des événemens qui accompagnèrent chez eux et chez les Italiens les mêmes changemens d'un même art.

Le premier affranchissement de l'art suivit , en Grèce et en Italie , un grand affranchissement politique. Athènes et Sparte , réunies , et faisant trève un instant aux querelles invétérées des Doriens et des Ioniens, venaient de triompher de l'Asie à Salamine et à Platée , lorsque s'élevèrent les hommes qui , rompant solennellement les traditions hiératiques, appliquèrent les premiers le pinceau à une imitation grandiose de la nature. De même l'Italie , soulevée par le sentiment de l'indépendance , et deux fois ayant opposé la ligue lombarde aux envahissemens des empereurs allemands, avait, au douzième et au treizième siècle, vaincu la dynastie de Souabe , quand du sein de ses villes délivrées , elle vit paraître aussi les artistes qui dégagèrent son génie des chaînes des Byzantins. Polygnote est le plus fameux entre les premiers peintres qui, en Grèce, dirigèrent les premiers pas de l'art. Contemporain du fils de Miltiade, de Cimon, sous qui les Grecs étaient encore unis, il vit aussi le commencement de Périclès , sous qui ils se divisèrent. Giotto est l'artiste qui, chez les Italiens, a occupé la même place et obtenu la même réputation ; il fut l'ami du Dante, qui exprima le désespoir de la péninsule, retombée après l'indépendance conquise, dans la lutte des races rivales. On peut donc désigner tout ensemble, du nom de Polygnote et de Giotto, la première époque de l'art chez les anciens et chez les modernes. Cette époque s'étend chez les premiers jusqu'au temps d'Alcibiade, vers la quatre-vingt-dixième Olympiade, en l'année 416 avant l'ère chrétienne; chez les seconds, elle embrasse le quatorzième siècle, et va à peu près jusqu'au commencement de la puissance des Médicis. Chez les uns comme chez les autres, elle est marquée par le grand caractère monumental que conserve l'imitation à peine commencée de la nature, par la simplicité des moyens employés, par la puissance des inflexions à la fois rares et majestueuses. C'est cette époque qui, suivant les dénominations de Denys d'Halicarnasse, adoptées par Winckelmann, fait prévaloir le caractère austère ou sublime.

La seconde époque accomplit un dépouillement nouveau de l'idéal hiératique, un nouveau rapprochement vers la nature. La première donnait encore plus à la convention qu'à la vérité; celle-ci accorde plus à la vérité qu'à la convention. C'est elle qui rend parfaite l'imitation de la réalité; elle y procède par un adoucissement des formes solennelles de l'âge précédent, par une manière plus coulante de rendre les contours, par une délicatesse générale qui, pour me servir encore des expressions de Denys d'Halicarnasse, tend à la grâce, et sans l'épuiser, en prend un caractère dominant. A cette époque, qu'il faudrait appeler gracieuse ou fleurie, si on adoptait rigoureusement les dénominations des Grecs, on peut donner le nom des artistes qui l'ont ouverte dans l'antiquité comme dans les temps modernes. Apollodore la commença à Athènes; Masaccio à Florence. L'un et l'autre demeurèrent moins illustres que les imitateurs dont ils furent suivis. Apollodore fut effacé par Zeuxis, par Parrhasius, par Timanthe; Masaccio, malgré l'honneur que lui ont fait les peintres les plus célèbres de le regarder comme leur maître, a été moins vanté que Domenico Ghirlandajo, que Perugin, que Luca Signorelli. Mais tous deux ils ont imprimé le mouvement, et ils doivent servir à le caractériser. Les ar-

tistes qui reçurent et propagèrent directement l'impulsion
d'Apollodore , brillèrent dans ce temps d'agitation et de
discorde qui suivit la guerre du Péloponèse, et précéda la
domination de la Macédoine ; ils assistèrent aux derniers
efforts que Conon à Athènes, Epaminondas à Thèbes, firent
pour élever, parmi les races indigènes, une puissance politique capable de conjurer les dangers du dehors, lorsque
déjà Socrate, en mourant pour la philosophie, semblait avoir
marqué que la Grèce n'aurait d'autre domination que celle
de l'intelligence. De même, les peintres qui suivirent immédiatement la route frayée par Masaccio , furent té-
moins des dernières dissensions qui, à la veille de l'invasion de Charles VIII , épuisaient les républiques divisées,
tandis que la renaissance, répandant aussi ses vives clartés,
par les mains de ses érudits et de ses premiers philosophes,
préparait à l'Italie, pour la dédommager de la perte de sa
liberté , la gloire de faire l'éducation du monde moderne.
Les imitateurs d'Apollodore vécurent entre la quatre-vingt-
dixième et la cent cinquième olympiade , entre l'année
416 et l'année 360 avant l'ère chrétienne ; ceux de Masaccio remplirent un intervalle à peu près égal dans la durée
du quinzième siècle.

Dans la cent cinquième olympiade , l'an 360 avant l'ère
chrétienne, Philippe monta sur le trône de Macédoine ;
vingt-huit ans après, par la victoire de Chéronée , il demeurait maître des Grecs , sur lesquels il avait fixé son
regard dès le jour de son avénement. Deux ans encore
après, Alexandre, ayant succédé à son père , commençait
par achever la soumission de la Grèce , puis partait pour
cette expédition d'Asie, où, éblouissant le monde, pendant
dix années, par des triomphes presque fabuleux, il ensevelissait, dans sa gloire même , les derniers restes de la
liberté hellénique. De même, lorsque en 1494, Charles VIII
eut montré aux rois de l'Europe combien il était facile de
dompter l'Italie, Ferdinand le Catholique, sous le prétexte
de la défendre, se prépara à la mettre sous sa dépendance,
et, mort vingt-deux ans après, en laissa la conquête commencée et désormais facile à Charles-Quint, qui consom-
mait la servitude de la péninsule, moins encore par le

siège de Florence et par le sac de Rome que par les lointaines expéditions de Tunis, de Hongrie et de Saxe. Pendant que la Grèce et l'Italie subissaient ainsi le joug des
Macédoniens et des Espagnols, elles produisaient leurs
chefs-d'œuvre les plus estimés, et accomplissaient la troisième époque de l'art.

Jusqu'alors la peinture, s'affranchissant de l'immobile
tradition du sanctuaire, s'était avancée vers l'imitation de
la nature en dépouillant, peu à peu, dans deux époques
successives, le caractère idéal de la convention sacrée d'où
elle avait tiré son origine. Maintenant, en possesssion de
la nature, elle allait chercher, tout en la copiant, à s'élever, par l'expression de sentimens formés hors du sanctuaire, à la convention nouvelle d'un idéal où le génie
interpréterait librement les secrets de la destinée humaine.
C'est dans ce mouvement suprême que l'inspiration et la
volonté, tendues ensemble au plus haut point, devaient
produire le plus bel effort de l'esprit et de l'art. Mais, en
effaçant les époques précédentes, celle-ci en reproduisait
les caractères; et on retrouvait l'austérité de la première
unie à la grâce de la seconde, dans la beauté harmonieuse
qu'elle composait, et dont les Grecs et Winckelmann lui
ont donné le nom. Apelle chez les anciens, Raphaël chez
les modernes, peuvent servir à la désigner d'une manière
plus frappante.

Dans cette troisième époque, les écoles dont nous avons
précédemment indiqué la division font surtout paraître
leurs diversités d'une manière éclatante : plus semblables,
dans les époques antérieures où elles étaient encore sous
l'impression d'un même idéal imposé, elles deviennent
tout-à-fait différentes, lorsque chacune d'elles s'efforce
d'élever, au-dessus de la nature, un idéal où elle peint
ses propres inclinations. Elles se partagent, comme pour
les rendre plus saisissantes, les grandes qualités qui con-
duisent graduellement à la perfection. En Grèce, l'école
de Sicyone, en Italie celle de Venise, s'attachent surtout à
exprimer toute la force dont la nature elle-même est
douée : Eupompe d'un côté, Mantegna de l'autre commencent ce développement que Pausias et le Giorgione

complètent. L'école d'Athènes, au contraire, et celle de Florence, continuent à interpréter moins servilement la nature, qu'elles soumettent, loin de se laisser dominer par elle, au jeu savant des proportions ; soit qu'avec Euphranor et Michel-Ange elles leur prêtent une imposante grandeur, soit qu'avec Nicias et André del Sarto elles les rendent plus aimables et plus séduisantes. Enfin, l'école d'Ionie et celle de Rome plaçant leur but au-dessus de la nature et de ses proportions, cherchant l'expression la plus belle, emportent le prix de l'art avec Apelle et avec Raphaël, qui ont aussi pour cortége nécessaire, non seulement leur propre école, mais encore la gloire des écoles rivales réunies et dépassées par eux.

A ce triple effort de la troisième époque succèdent mille efforts différens dans une quatrième et dernière époque, la plus vaste, mais aussi la moins imposante de toutes. Le siècle d'Alexandre et celui de Charles-Quint sont passés. L'émotion de la lutte, le prestige de la gloire ont disparu ; il ne reste plus que le sentiment d'une servitude accablante. Comme la patrie n'a plus d'avenir à défendre, l'art n'a plus de pensées à exprimer ; il tombe à ne plus représenter que la nature elle-même, ou, s'il veut s'élever encore au-dessus d'elle, il n'a d'autre ressource que de faire reparaître, dans un choix habile et froid, les méthodes des maîtres dont l'inspiration et les idées sont à jamais évanouies. Cependant ces méthodes savantes qui subsistent, servent à faire l'éducation des autres nations qui essaient à leur tour d'exprimer, par cet art déjà épuisé, les sentimens qu'elles ne savent pas encore rendre avec les expressions plus délicates de la poésie et de la parole. Lorsque la Grèce eut été mise au nombre des provinces romaines, elle offrit des modèles aux artistes qui se formaient en même temps dans la Thrace et dans l'Italie. Lorsque l'Italie, à son tour, fut devenue une province espagnole, elle communiqua le germe de l'art nouveau aux Espagnols, en attendant que, ramenée par Richelieu sous notre influence, elle se transmit aussi à la France. En se propageant ainsi, la peinture varie ses aspects et affaiblit sa puissance. Elle peut encore, notre époque en a d'illustres preuves, reproduire, par une étude savante, même les plus beaux moments de son histoire. Mais elle cède à d'autres arts le privilége de traduire, dans des créations enchaînées, les palpitations suivies du cœur des peuples.

Les analogies que nous venons d'indiquer, et dont il nous reste à faire connaître les preuves et les détails, nous paraissent trop frappantes d'elles-mêmes, pour que nous voulions les gâter en les forçant. Les évolutions de l'art, qui se reproduisent par de grandes lois constantes, amènent, parmi les artistes des époques correspondantes, de naturelles ressemblances auxquelles s'ajoutent des différences qui résultent de la diversité des sociétés et des hommes, et que l'on imaginerait bien, même sans nos avertissemens. Il ne sera pas besoin non plus, sans doute, de marquer trop fortement que dans la série des principaux peintres de la Grèce, il s'en trouve qu'on chercherait en vain dans celle des artistes fameux de l'Italie, comme celle-ci en contient également qui lui sont particuliers. Nous nous attacherons surtout aux grandes analogies, parce qu'elles fixent la théorie générale de l'art, laquelle est le but de cette étude; nous les établirons brièvement et par une méthode bien simple, en comparant les textes antiques avec les images modernes.

CHAPITRE QUATORZIÈME.

Première époque — Polygnote et Giotto.

L'école d'Athènes, la première qui, en Grèce, ait, non
pas manié le pinceau, mais affranchi l'art, a fourni les
preuves de son antiquité. L'Athénien Eumare est, au rapport de Pline, l'artiste qui a commencé à enseigner l'imitation de la nature. Il la pratiqua lui-même en marquant le
premier, dans ses images, la différence des deux sexes (1),
et en osant reproduire toute espèce de figures (2). Il eut
pour élève Cimon, né à Cléone, dans l'Argolide, qui, en
continuant ses créations (3), acheva de former les principes
de l'art nouveau. Celui-ci se signala en représentant ces
figures en perspective, que les Grecs nommaient catagra-
phes, et que Pline fait assez bien entendre en les appelant
obliques ; il donna aux têtes des inflexions différentes, les
faisant regarder en haut, en bas, de côté ; il sépara les
membres par les articulations ; il montra les veines, et dessina même des plis alternativement minces et larges dans
les vêtemens (4). Il serait difficile de mieux marquer qu'a-
vant ces artistes l'art grec, comme l'art égyptien, au lieu
de distinguer les sexes par l'air même de toute la personne,
les marquait seulement par quelque signe convenu des bras,
ne pouvait peindre toute espèce de formes, représentait

(1) « Primus in pictura marem feminamque discrevit » (Plin.,
Hist. nat., lib. XXXV, c. 34)
(2) « Figuras omnes imitari Ausum. » (Ibid.)
(3) « Quique inventa ejus excoluerit. » (Ibid.)
(4) « Hic catagrapha invenit, hoc est, obliquas imagines, et
» varie formare vultus, respicientes, suscipientisque et despicien-
» tes. Articulis etiam membra distinxit, venas protulit, præterque
» in veste et rugas et sinus invenit. » (Ibid)

des silhouettes sans profondeur, des têtes fixes, des corps sans mouvemens, sans détails, sans draperies.

Mais à quelle époque vécurent l'Athénien Eumare et son disciple Cimon, qui firent de si grands changemens? Pline l'ignore, et cherche à l'établir par un rapprochement où la critique trouve trop à reprendre. Il range Eumare et Cimon parmi les peintres qui n'ont employé qu'une couleur ; et comme il suppose, assez justement, que Bularque en employa plusieurs pour peindre cette bataille des Magnésiens, achetée au poids de l'or par le roi Candaule, mort au temps de Romulus, vers la dix-huitième olympiade, il en conclut que les peintres monochromes, et parmi eux Eumare et Cimon, ont dû exister avant ce temps. Mais Pline ne prend pas garde que Bularque est un peintre oriental, vivant sous l'antique monarchie de Lydie, et que, tandis que l'art était déjà avancé dans l'Asie Mineure, il était certainement en enfance dans la Grèce, où nous l'étudions. Si Eumare et Cimon ont été des peintres monochromes, comme nous n'avons aucune raison d'en douter, il faut croire en effet à leur antiquité ; mais ce n'est pas un motif suffisant pour les placer plutôt avant qu'après la dix-huitième olympiade, dans l'époque obscure qui a précédé Polygnote.

L'école d'Athènes, ainsi fondée sur l'interprétation libre de la nature, reçut, au temps de Cimon, fils de Miltiade, avant la soixante-dix-septième olympiade, Polygnote, dont elle tira sa plus grande gloire. Cet artiste était originaire de l'île de Thasos, où j'ai montré qu'avait dû se faire sentir l'influence des écoles de l'Asie ; il était fils et élève d'Aglaophon ; soit qu'il fût né à Athènes de cet étranger, comme semble l'indiquer Suidas (1), soit qu'il y eût été seulement amené dans son enfance, il paraît bien qu'il acheva du moins de former sa manière en Attique, puisque c'est là qu'au rapport de Pline il prenait la seule ocre dont il se servait (2), et là encore qu'il composait, avec les restes du

(1) Πολύγνωτος... Θάσιος δὲ τὸ γένος. (*Lexic.*)
(2) « Sile pingere instituere primi Polygnotus et Micon, Attico tantum. » (Plin., lib. XXXIII, c. 13.)

pressoir, une sorte de noir voisin de celui de l'Inde (1).
Quoiqu'il ait exécuté aussi des peintures célèbres sur les
murs de Thespies, et dans la Lesché de Delphes, il se fit
surtout connaître par celles qu'il laissa à Athènes; il y orna
ce portique qui, paré de ses couleurs, prit le nom de Pœcile, l'ancien temple de Castor et de Pollux, le monument
où l'on gardait le trésor public, et celui qui, dans l'Acro-
pole, à gauche des Propylées, avait été consacré à Egée.
En reconnaissance de ces beaux travaux, il reçut des Athéniens le droit de cité, qui acheva, sans doute, de le fixer
parmi eux (2. Sur l'époque où il brilla, il n'en faut pas
croire légèrement l'ordre de Pline, qui, en le rangeant
après Panœnus, frère de Phidias, semble le faire contemporain de Périclès. Une tradition, conservée par plusieurs
écrivains de la Grèce, rapportait qu'amant heureux d'Elpinice, sœur de Cimon, l'artiste avait donné le visage de sa
maîtresse à l'une des filles de Priam, Laodice, qu'il avait
figurée, parmi d'autres Troyennes, au Pœcile. Comme
Elpinice ne peut avoir été aimée et peinte que dans sa jeunesse, il suit que Polygnote devait décorer le Pœcile immédiatement après les batailles de Salamine et de Platée,
avant l'exil de Thémistocle, et qu'il fut le contemporain
d'Eschyle et de Pindare.

Il fut secondé, dans presque tous ses ouvrages, par un
Athénien, Micon, fils de Phanocus. Celui-ci est cité comme
ayant usé des mêmes méthodes, et touché les mêmes monumens que Polygnote; il lui était inférieur, puisqu'il recevait de l'argent pour peindre le Pœcile, où le maître faisait à la ville un don généreux de son génie; il pouvait cependant lui tenir tête, puisque dans les mêmes monumens
il peignait des sujets différens : au Pœcile, à côté de la prise
de Troie retracée par Polygnote, il représentait le combat
de Thésée contre les Amazones (3), et peut-être la bataille
de Marathon, où on lui reprochait d'avoir fait les Perses

(1) « Atramentum Polygnotus et Micon, celeberrimi pictores,
» Athenis e vinaceis fecere. » (Plin., l XXXV. c. 6.)

(2) Théophraste l'appelait Athénien, comme Pline le rapporte
au chapitre 56 du livre VII.

(3) Pausanias, *Attique*, ch. 15. — Aristophane, *Lysistrata*.

plus grands que les Grecs, et où on lui savait gré d'avoir
jeté un chien suivant son maître dans la mêlée. Au temple
de Castor et de Pollux, à côté de l'enlèvement des filles de
Leucippe par les dieux jumeaux, qui était l'ouvrage de
Polygnote, il retraça la navigation des Argonautes, et
s'appliqua surtout à rendre Acaste, l'un d'eux, et ses chevaux (1). Dans le temple de Thésée, où je ne vois pas sûrement que Polygnote ait peint les combats du héros contre
les Amazones, Micon couvrit seul la troisième muraille
d'images que Pausanias ne pouvait plus distinguer (2). Ce
Micon, élève habile de Polygnote, est évidemment l'homme
qui fut chargé d'en diriger et d'en continuer l'école à
Athènes, tandis que le maître, plus renommé, était appelé à peindre à Platée, à Thespies, à Delphes, dans toute
la Grèce, où les amphyctions, imitant sa générosité, lui
avaient décerné l'hospitalité gratuite.

Quel était le caractère des peintures de ces artistes? Les
documens qui nous en instruisent ne sont ni rares ni
obcurs. Au rapport de Pline, Polygnote fit accomplir à la
peinture les plus grands, les premiers progrès décisifs (3);
le premier il sut ouvrir la bouche de ses figures, faire voir
les dents, donner de la variété aux visages jusqu'alors immobiles et semblables (4); le premier, il donna aux femmes
des coiffures où brillaient diverses couleurs, des robes écla-
tantes qui, en partie, collaient au corps pour le laisser
voir, et en partie flottaient noblement au vent (5). D'après
Lucien, qui vient de nous servir à expliquer un mot de
Pline, il savait aussi mettre, sur le visage des femmes,
l'intervalle le plus élégant entre les sourcils, sur leurs joues

(1) Pausanias. *Attique*, ch. 18.
(2) Ibid., ch. 17.
(3) « Plurimum picturæ primus contulit. » (Plin., l. XXXV,
c. 35.)
(4) « Instituit os adaperire, dentes ostendere, vultum ab anti-
quo rigore variare. » (Ibid.)
(5) « Primus mulieres lucida veste pinxit, capita earum mitris
versicoloribus operuit. » (Ibid.) — « Amictum vero ille quoque
præparet, quam poterit tenuissime elaboratum, ut quaecumque
par est corpori decente applicet, multa vero ventis diffundenda
reliquat » (Lucianus. *Imagines*, Vincentio Obsopæo interprete.

une rougeur aimable (1). Pausanias, ordinairement si bref dans ses descriptions, s'est assez étendu sur les ouvrages que Polygnote avait exécutés à la Lesché de Delphes (2), pour que nous puissions connaître à quel genre d'imitation, de mouvement et de composition ce grand maître était arrivé. Sous le portique qui précédait le temple d'Apollon, et qui servait aux conversations, le peintre avait retracé sur deux vastes murailles opposées, à droite la prise de Troie, à gauche la descente d'Ulysse aux Enfers ; c'était, comme Homère, écrire deux poëmes, l'un de la jeune saison, plein de passions, l'autre de l'âge mûr, occupé aux méditations mélancoliques. Dans l'une comme dans l'autre de ces grandes pages, l'artiste avait représenté moins une action déterminée qu'une suite de figures exprimant différens épisodes d'un sujet complexe. Comme dans deux longs bas-reliefs, il avait déroulé ses personnages en s'appliquant plus à les caractériser qu'à les unir, en leur donnant un ordre systématique plutôt que naturel, en écrivant leurs noms aux étages divers où il les avait rangés. Il les avait cependant entourés d'une sorte de paysage peu suivi, où l'on voyait, d'une part le rivage de la mer, les tentes, les vaisseaux des Grecs, les lits des filles de Priam, les remparts de Troie, le cheval qui les avait forcés, la maison d'Anténor ; de l'autre l'Achéron, ses roseaux, sa barque, des collines, le bois de Proserpine, le rocher de Sizyphe. Dans l'une et dans l'autre de ces deux compositions, il avait formé des groupes où se passaient des actions assez vives : dans la première, où la plupart des figures étaient debout, comme pour marquer le départ, Echœus portant une urne de cuivre descendait d'un vaisseau par une échelle, Epéus renversait les murs de Troie, Néoptolème frappait Astyanax, un enfant effrayé se couvrait de ses mains, des esclaves chargeaient un âne ; dans la seconde, où presque tous les personnages, même Hector, étaient assis, pour mieux indiquer le repos éternel, Ocnus tressait la corde

(1) « Superciliorum decoram distantiam, et malarum decentem » rubedinem. » (Ibid.)

(2) Pausanias, *Phocide*, c. 25 à 31.

de jonc que mangeait l'ânesse, Phèdre se suspendait à une corde, les filles de Pandaréus jouaient aux osselets, les ennemis d'Ulysse jouaient aux dés, des sacriléges remplissaient un tonneau.

Mais si l'on veut savoir jusqu'où l'artiste avait su imiter les mouvemens qu'il avait voulu rendre, on peut, sans invoquer les textes qui marqueront plus particulièrement les progrès postérieurs, se convaincre, par ceux mêmes où il est nommé, qu'il devait être encore bien éloigné de produire l'illusion de la nature. Quelle imitation pourrait-on attendre d'un homme qui est le premier à ouvrir la bouche de ses personnages, et à animer leurs visages? Aussi faut-il prendre pour une critique, et non pour un éloge, ainsi que l'a fait assez ridiculement le père de la Nauze (1), le passage où Pline, parlant du tableau d'un soldat armé de son bouclier, dit qu'on ne sait si Polygnote a voulu le peindre montant ou descendant (2). Cicéron marque, quoique plus vaguement, les imperfections de Polygnote, lorsqu'il rapporte que, dans cet artiste comme encore dans Zeuxis et dans Timanthe, on n'estimait guère que les formes et les lignes, tandis que dans leurs successeurs, Echion, Nicomaque, Protogène, Apelle, on admirait toutes les qualités réunies 3). Si on pouvait imaginer, d'après les expressions de Cicéron, qu'il n'avait à reprocher à notre artiste que son coloris peu savant, on serait bien détrompé par les paroles frappantes de Quintilien, qui dit que cette simple couleur faisait à Polygnote des admirateurs passionnés, quoiqu'on ne trouvât chez lui, pour tout le reste,

(1) Mémoires de l'Académie des inscriptions et belles-lettres, t. XXV, deuxième partie, p. 248.

(2) Pline ne dit point que ce soit l'intention du soldat qui inspire le doute; il parle de celle du peintre : « In qua dubitatur, » ascendentem PINXERIT, an descendentem. » (Plin., *Hist. nat.*, l. XXXV, c. 35.)

(3) « Similis in pictura ratio est; in qua Zeuxim, et Polygno- » tum, et Timanthem et eorum, qui non sunt usi plusquam » quatuor coloribus, formas et lineamenta laudamus; at in » Echione, Nicomacho, Protogene, Apelle, jam perfecta sunt » omnia. Nihil est enim simul inventum et perfectum. » (*De claris* *oratoribus.*)

qu'une grossièreté où l'on distinguait à peine le germe de l'art qui allait naître (1). C'est aussi ce que signifiait Théophraste lorsqu'il attribuait à cet artiste l'invention même de la peinture (2).

Il serait sans doute inutile de montrer que, par tant de traits réunis, Polygnote nous est aussi bien connu que si nous avions ses ouvrages sous les yeux. Mais il importe de savoir en quelle estime les anciens avaient cet homme, élémentaire dans ses formes, simple dans sa couleur, maladroit dans ses mouvements. Ses contours, qui, au lieu de suivre toutes les sinuosités du modèle, les abrégeaient, étaient admirés au temps de Cicéron. Sa couleur, qui simplifiait aussi les nuances de la nature, était un objet de prédilection au temps de Quintilien. Sa gaucherie enfin, on le voit par le passage de ce dernier écrivain, était préférée, toute grossière qu'elle parût, à l'habileté des plus grands d'entre ses successeurs. Qu'on n'accuse point les Romains, comme on a fait quelquefois pour nous, de retourner par satiété et par affectation à cette simplicité primitive. Ils se faisaient les échos des jugemens excellens de la Grèce. Aristote, le contemporain d'Apelle, l'ami de Protogène, qui peignait sa vieille mère, et à qui il conseillait de représenter les batailles d'Alexandre, critique aussi illustre par son bon sens que par sa profondeur, préférait, à l'art accompli dont il voyait les imitations perfectionnées, l'art rude qui, aux siècles précédens, s'était tenu plus élevé au-dessus de la nature; il avait voué à Polygnote une admiration particulière, dont il se plaisait à répéter l'expression, toujours plus sentie et plus forte. Pour former des hommes et des poëtes doués du sentiment moral, qui est, à ses yeux, la marque de toute perfection, il recommande également, dans sa Politique et dans sa Poétique, l'étude de Polygnote,

(1) « Primi, quorum quidem opera non vetustatis modo gratia » visenda sint, clari pictores fuisse dicuntur Polygnotus, atque » Aglaophon, quorum simplex color tam sui studiosos adhuc » habet, ut illa prope rudia, ac velut FUTURÆ MOX ARTIS PRI-» MORDIA, MAXIMIS QUI POST EOS EXTITERUNT AUCTORIBUS PRÆ » FERANTUR. » (Quint., l. XII, c. 10.)

(2) Plin., *Hist. nat.*, l. VII, c. 56.

qui , par sa grande méthode d'abréviation , avait surtout rendu manifeste le caractère de ses personnages (1) ; mais il ne se borne point à cet éloge , il en fait un bien plus précieux et plus significatif, lorsque, dans un passage, célèbre déjà par les belles interprétations de Winckelmann (2) et de M. Quatremère de Quincy (3), il nous apprend que Polygnote a généralisé au suprême degré la figure de l'homme , et l'a montrée telle qu'elle devait être , tandis que ses successeurs l'ont peinte ou telle qu'elle était , ou moindre encore (4). Il considérait donc comme les facultés souveraines de l'art, et celle de représenter la diversité morale des hommes, et celle d'élever cette diversité à l'unité la plus imposante; comme il déclare que Polygnote les a réunies au plus haut point, on ne saurait douter qu'il ne l'ait placé dans son estime au-dessus de tous les autres artistes. Il n'y a pas plus d'ambiguïté dans ce jugement du plus grand critique de l'antiquité qu'il n'y en avait dans les témoignages des illustres écrivains que nous citions tout-à-l'heure : en sorte qu'on est obligé de convenir que l'artiste le plus élémentaire de la Grèce en fut aussi regardé comme le plus admirable.

Si on vient à considérer Giotto, on verra que ses ouvrages offrent les mêmes qualités que ceux de Polygnote, et que sa renommée seule est encore différente. Comme le Grec, d'après le passage précieux de Quintilien, paraît avoir beaucoup reçu déjà de son père Aglaophon, de même le Toscan apprit beaucoup de Cimabué, qui, dans la voûte de la chapelle supérieure d'Assise , ne semble ni moins majestueux ni moins brillant que son élève. Comme l'hôte d'Athènes

(1) « Oportet juniores non tam Pausonis opera contemplari, « quam Polygnoti, aut si quis alius pictorum vel statuariorum sit « moralis. » (Arist , *Polit.*, l. VIII, c. 5.) — « Plurimorum junio- « rum tragœdiæ sunt sine moribus... Ita quoque inter pictores « Zeuxis se habet ad Polygnotum. Polygnotus enim est bonus « morum pictor, at Zeuxidis pictura nullos omnino habet mores.» (Arist., *de Poet.*, c. 6.)

(2) Hist de l'art, t. II, l. IV, c 8. § 4.

(3) Essai sur l'imitation dans les beaux-arts, part. II, § 11.

(4) Πολύγνωτος μὲν κρείττους, Παύσιον δὲ χείρους, Διονύσιος δὲ ὁμοίους (Arist., *de Poet.*, c. 2.)

ut de nombreux voyages dans les villes de la Grèce, et eut dans celle où il s'était fixé un élève principal, Micon, qui y soutint sa tradition d'une manière particulière; de même l'hôte de Florence passa presque toute sa vie en courses à travers l'Italie, ayant formé cependant, au bord de l'Arno, ce disciple chéri, Taddeo Gaddi, qui y continua et y féconda son école. Comme le créateur de la peinture antique avait employé son génie, non pas à peindre des tableaux, mais à donner sur de vastes murailles les représentations monumentales des livres héroïques et de l'histoire des Grecs, au Pœcile la prise de Troie, à la Lesché de Delphes une répétition plus grande, à ce qu'il semble, de la prise de Troie (1), et la descente d'Ulysse aux enfers; de même le rénovateur de l'art moderne s'appliqua surtout à peindre de grandes fresques, où il laissait quelquefois les images de ses contemporains, plus souvent l'expression des livres sacrés du christianisme; à Florence, dans la chapelle du Podesta, les portraits du Dante et ceux des illustres Florentins, réunis par une composition malheureusement peu reconnaissable; dans le réfectoire de Sainte-Croix, la grande Cène, qu'il faut comparer à celle de Léonard; au Campo-Santo de Pise, les infortunes de Job; à Padoue, dans la chapelle de l'Aréna, les histoires des Evangiles et le jugement dernier; à Assise, dans la chapelle supérieure, les légendes de S. François, qu'il résumait dans la chapelle inférieure par d'ingénieuses allégories.

Il est facile de montrer dans les ouvrages de Giotto les caractères qui marquaient aussi, dans ceux de Polygnote, les commencemens du bel art. Qui aura examiné, à l'Académie des beaux-arts de Florence, les petits panneaux des armoires de la sacristie de Sainte-Croix, où sont représentées les histoires de la vie du Christ, pourra dire si la vivacité et la variété des expressions n'y sont pas admirables. Dans des proportions plus grandes, les figures qui or-

(1) Je juge que Polygnote répéta à Delphes plusieurs des figures d'Athènes, parce qu'on sait qu'au Pœcile il avait peint Elpinice sous les traits de Laodice, parmi les Troïennes, et qu'à la Lesché Pausanias s'étonne encore de retrouver Laodice, dont les poètes n'avaient pas fait mention.

nent les caissons de la crypte de San-Miniato permettent
de remarquer de près et les beaux intervalles des sourcils,
et cette pudique coloration des joues dont le Florentin ,
comme l'Athénien, a embelli le visage de ses femmes.
Fit-on jamais des draperies plus élégantes que celles de
Giotto , qui , comme Polygnote, étranger encore aux raffinemens de l'anatomie, semble avoir employé tout son
goût à donner au corps humain les voiles les plus beaux et
les plus noblement déployés ? Ce sont des éloges que Vasari
lui-même n'épargnait pas au père de l'école florentine (1).
Ses compositions me paraissent, à vrai dire, déjà beaucoup
plus savantes que celles du père de l'école athénienne ;
il y a certainement plus d'action dans les peintures d'Assise et de Padoue qu'il n'y en avait dans celles du Pœcile
et de la Lesché. Vasari demeurait lui-même interdit, dans
la chapelle supérieure de Saint-François, devant cet homme
qui , penché sur une fontaine, y boit, avec une attitude si
expressive, qu'on croit voir boire une personne vivante (2);
dans la chapelle de l'Aréna , il y a peut-être lieu de s'é-
tonner encore davantage , non seulement du beau mouvement des figures allégoriques des Vices et des Vertus,
mais encore du geste d'un S. Jean qui , à la vue de la résurrection de Lazare, se penchant au bord de la fosse
comme pour s'assurer du miracle, rejette les bras en ar-
rière par le raccourci le plus hardi et le plus saisissant ,
pour exprimer son admiration mêlée de terreur. Déjà capable de rendre des sentimens si vifs , Giotto n'en était
plus réduit à peindre, comme Polygnote, des suites de
figures alignées et étagées symétriquement ; il les groupait
dans une action qui leur était commune et à laquelle il
savait admirablement les faire concourir; il divisait ses
grandes murailles en plus petits compartimens , où il était
plus facile de maintenir ensuite une unité sensible. Mais ,

(1) « E i panni in modo lavorati morbidamente, che non e
» maraviglia se quell' opera gli acquisto in quella citta e fuori
» tanta fama. » (Vasari, *Vita di Giotto.*)

(2) Bee stando chinato in terra a una fonte, con grandissimo
» e veramente maraviglioso affetto, in tanto che par una persona
» viva che bea. » (Ibid ;

quoique plus avancé sous ce rapport, il ne figurait, comme Polygnote, ses paysages, et, je l'ai déjà dit, ses monumens que d'une manière abrégée, et il ne donnait aucune profondeur à ses groupes; ce que les commençans mêmes remarquent sur le faux équilibre de ses figures, qu'il semblait toujours poser sur la pointe des pieds, revient au reproche qu'on faisait au soldat dont on se demandait s'il montait ou s'il descendait. Enfin, pour la simplicité du coloris, si parfaitement appropriée à la fresque, il est singulier que Giotto l'ait eue encore en commun avec Polygnote, puisqu'au lieu d'avoir été habitué à la naïveté des monochromes, il trouvait chez les Byzantins, ses prédécesseurs, toutes les couleurs mêlées et chargées.

Mais Giotto a-t-il manqué des grandes qualités que les Grecs louaient dans Polygnote? Ou bien notre goût, mal dirigé, n'a-t-il point su les apprécier chez lui? Que pourrait cependant envier le pinceau qui, peignant la mort de la Vierge, en donnait des images si parfaites que d'un côté Pétrarque les imitait comme un modèle idéal en retraçant la mort de Laure (1), et que d'un autre côté Michel-Ange assurait que la vérité ne pouvait en être surpassée (2)? Quand on considère la Cène qui orne l'ancien réfectoire de Sainte-Croix, on lit, exprimées déjà sur la figure des apôtres, des inclinations si diverses et si belles, qu'on n'est point étonné qu'en s'inspirant d'un si admirable exemple, Léonard de Vinci ait fait, à Milan, le chef-d'œuvre de cette grande peinture *morale*, préférée par Aristote à toutes les autres. Si Giotto n'a pas été aussi savant que Léonard dans l'interprétation des caractères humains, on peut affirmer qu'il ne

(1) « Pallida no, ma piu che neve bianca
» Che senza vento in un bel colle fiocchi,
» Parea posar come persona stanca.
» . . . .
» Morte bella parea nel suo bel viso. »
(Petrarc., Trionf. della morte.)

Voyez aussi Rosini, *Storia della pittura italiana*, t. I, p. 242.

(2) « Michelagnolo affermava la proprieta di questa istoria » dipinta non potere essere piu simile al vero di quello ch' ell' » era. » (Vasari, *Vita di Giotto.*)

les a pas sentis moins profondément. Les allégories des Vices et des Vertus, qu'il a tracées en grisaille, au-dessous de ses grandes peintures de la chapelle de l'Aréna, à Padoue, en sont un éclatant témoignage ; ces figures, sur lesquelles on a répété de nos jours l'absurde jugement de d'Hancarville (1), déjà admirables à cause de la beauté même du dessin et du mouvement, le sont plus encore parce qu'elles offrent une étude précoce des tempéramens et des habitudes les plus intimes de l'homme. Ami et élève du Dante, qui était lui-même un des plus grands peintres de la nature humaine, Giotto, d'après ses conseils, se plaisait à reproduire ces représentations symboliques, dont toute la force consiste précisément dans la science des caractères : il a prouvé qu'il la possédait en maître, dans ces allégories dont il a orné la voûte de la chapelle inférieure d'Assise, et que Vasari loue comme ayant atteint la perfection. Non seulement Giotto a senti la diversité des caractères, mais encore, comme Polygnote, il lui a donné l'expression la plus élevée et la plus idéale ; non plus que le Grec, il ne suivait toutes les ondulations particulières du modèle, il traçait le grand trait auquel se rapportaient tous ces détails et qui les résumait ; par cette méthode d'abréviation il représentait l'essence même de la nature, comme s'il eût participé aux plans simples et sublimes du Créateur. Qu'a-t-il donc manqué à Giotto pour obtenir la gloire de Polygnote ? Le bonheur d'être regardé par des yeux aussi intelligens que ceux d'Aristote.

Cependant Polygnote et Giotto diffèrent sur un point important. Le Grec vivait dans un siècle où l'on cultivait surtout la sculpture ; il était lui-même renommé pour ses figures de bronze, comme son élève Micon l'était pour ses statues d'athlètes ; il dut être témoin, dans ses vieux jours, des grandes créations de Phidias, qu'on a voulu mettre à son école. Il ne faut pas, à cause de ce rapprochement, lui supposer une perfection démentie par tous les textes dont nous n'avons pas cité encore les plus tranchans, mais on en peut conclure qu'il avait le trait plus net que celui de

____

(1) Rosini, *Storia della pittura italiana*, t. I. p. 238.

Giotto dans sa simplicité, et plus hardi, peut-être, dans
son inexpérience ; on doit surtout s'en autoriser pour
expliquer qu'il se soit plus étroitement tenu à l'ordre successif des bas-reliefs pour représenter les sujets de ses
peintures. Le Toscan, au contraire, parut dans un temps
où tout l'effort du génie semblait se porter sur l'architecture. Florence, qui bâtissait tous ses grands monumens,
était alors enivrée de cet art, celui que le moyen-âge
a incontestablement cultivé avec le plus d'éclat ; Giotto lui-
même, à qui cependant on a attribué aussi quelques sculptures, couronna sa gloire en élevant, dans la ville qui l'avait
adopté, ce campanile de Santa-Maria del Fiore, qui est
le bijou de la renaissance italienne. Dans cet édifice, dans
l'église d'Or-San-Michele, il employa notre ogive septentrionale, que son contemporain Arnold avait reçue des
Dominicains de Santa-Maria Novella, et reproduite déjà à
Sainte-Croix et dans la cathédrale. Mais les Florentins donnèrent à la forme du nord l'aspect riant et régulier du
génie italien ; Giotto la porta, ainsi modifiée, dans ses
peintures, et y répandit, par elle, une élégance à laquelle
Polygnote, plus sublime peut-être, ne dut pas arriver. Il emprunta à l'architecture un autre don qui avait manqué au
Grec, celui de faire concourir les parties diverses à un
même but, et de donner le lien d'une action commune à
ses personnages : aussi avons-nous vu qu'il excellait déjà
dans la composition, presque inconnue à l'instituteur de
l'école athénienne.

Après avoir marqué aussi fortement, par l'étude des
deux maîtres, les caractères que prenaient, dans cette première époque, l'école d'Athènes et celle de Florence, nous
n'insisterons pas longuement sur les élèves qui s'y montrèrent aussitôt après les fondateurs. Le frère de Phidias,
Panœnus, que Pline, sans doute à cause de la renommée
plus grande du sculpteur, cite avant Polygnote, n'a pu évidemment en être que l'élève, puisqu'il peignait, comme
nous l'avons dit, le bouclier de la Minerve de Colotès, qui
était lui-même disciple de Phidias. Cet artiste faisait ainsi
les décorations accessoires des statues : à Olympie, il pei-

gnit sur le trône, où son frère avait élevé le Jupiter, des figures qui, d'après la description de Pausanias, n'étaient, quoique nombreuses, liées entre elles par aucune action (1); peut-être aussi avait-il peint les fleurs de lis et les figures semées sur le vêtement du dieu. C'est lui cependant que Pline et Pausanias s'accordent à faire l'auteur de l'une des plus grandes peintures des temps anciens, de la bataille de Marathon, que des traditions, plus vagues, il est vrai, ont attribuée à Polygnote et à Micon. Des trois pages qui ornaient le Pœcile d'Athènes, on sait assurément que Polygnote avait peint celle qui représentait la prise de Troie ; Micon, son élève, celle où était figuré le combat des Amazones si on a cru que plusieurs artistes avaient mis la main à celle qui retraçait la victoire de Marathon, c'est probablement parce que Polygnote, le maître, dirigea toutes ces peintures, qu'il se réserva particulièrement l'exécution de la première, et qu'ayant partagé les deux autres à ses élèves il ne laissa pas cependant que d'y toucher. Il faut lire attentivement ce que Pausanias rapporte de la dernière, où il dit qu'on voyait les Grecs et les Barbares aux prises avec un avantage à peu près égal, puis d'un autre côté les Barbares fuyant et se poussant pêle-mêle dans un marais, puis plus loin les Perses cherchant à monter dans leurs vaisseaux, auprès desquels les Grecs les atteignent et les tuent. Ce sont, dans un même cadre, trois instants divers du même sujet ; mais il serait à craindre encore qu'on ne s'exagérât le mouvement et l'importance de ces trois actions, si on ne réfléchissait que sans doute elles étaient représentées, comme dans un dernier plan, par des figures plates, et que sur le premier apparaissaient seulement les personnages symboliques de Marathon, de Minerve, d'Hercule et de Thésée, qui, dit l'écrivain, semblait sortir de terre (2). Entre ces divinités et les combattans, devaient se trouver les généraux que Pausanias et Pline s'accordent encore à dire ressemblans. Pline, en remarquant cette res-

(1) Pausanias, *Élide*, c. 9.
(2) Pausanias, *Attique*, c. 15.

semblance comme une merveille , nous fait assez comprendre quelle méchante opinion il avait de l'artiste qui avait pu la rencontrer (1).

Après l'époque de Périclès, que Micon et Panœnus durent remplir, celle d'Alcibiade vit l'école de Polygnote se continuer à Athènes dans la personne d'Aglaophon. Junius (2), qui n'a su faire aucune distinction des époques, confond cet artiste avec le père de Polygnote, et cependant le fait travailler au temps d'Alcibiade ; il a recueilli lui-même les documens qui peuvent servir à montrer et à dissiper son erreur. Platon (3) dit positivement que Polygnote avait un frère qui se nommait Aristophon , et qui était peintre comme lui ; Aristophon a été confondu, par Plutarque , dans la vie d'Alcibiade , avec un second Aglaophon , qui, comme son nom et l'usage des Athéniens l'indiquent, était évidemment le petit-fils du premier. Ce second Aglaophon, fils d'Aristophon , et neveu de Polygnote , marquait déjà une certaine décadence de l'art qu'on ne pourrait attribuer sans injure à un homme qui aurait vécu au milieu des grands exemples de la génération précédente ; il exposa en public , après le triomphe d'Alcibiade , deux tableaux où il avait peint ce jeune homme plus beau même qu'il n'aurait convenu à une femme, d'une part couronné par la main des deux génies des jeux Pythiques et des Olympiques , de l'autre assis sur les genoux de la divinité de Némée qui le tenait embrassé comme eût fait une courtisane. Les Athéniens , dégénérés comme le peintre , couraient en foule à ce spectacle.

Parmi les artistes qui ont suivi Polygnote , Pline cite encore Cephissodore et Phryllus, sans qu'on puisse distinguer s'il faut les ranger dans l'école d'Athènes ou dans une autre. Que d'autres écoles existassent déjà en Grèce, et s'y maintinssent même avec éclat , la preuve en est dans les concours de peintures qui , au rapport de Pline , avaient

(1) Plin., *Hist. nat.*, l. XXXV. c. 34. « Adeo jam colorum » usus increbuerat, ut in eo praelio iconicos duces pinxisse tra- » datur. »

(2) *De pictura veterum.*

(3) Platon, *Gorgias.*

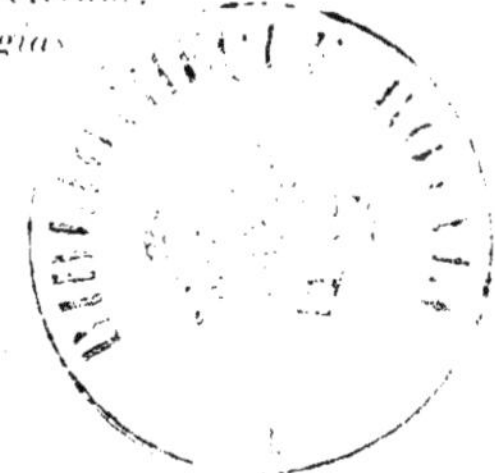

lieu dès lors à Delphes et à Corinthe, et où Panænus fut vaincu par Timagoras de Chalcis. Les écoles d'Asie étaient aussi florissantes, puisqu'elles comptaient, à la même époque, Evenor, le père de Parrhasius, qui parut dans la suivante. Polygnote, par les brillantes innovations qu'il avait faites chez les Athéniens, avait communiqué un essor rapide aux écoles du continent grec, empressées à se rapprocher les unes des autres en l'imitant. Ainsi se forma ce qu'on appela le style Helladique, en face duquel subsistait toujours le style Asiatique, qui était celui d'Evenor et que nous pourrions caractériser peut-être par les ouvrages de son fils Parrhasius.

Giotto fut, comme Polygnote, suivi de plusieurs générations d'élèves, parmi lesquels se rencontrèrent aussi ses parens. Quoiqu'il ne nous soit rien resté de Stefano, fils d'une sœur de Giotto, cet artiste nous est connu par les éloges de Ghiberti et de Vasari, comme le chef le plus habile qui demeurât après la mort du maître; il eut peut-être même, d'une fille de son oncle, un fils né encore du vivant de Giotto, et surnommé probablement Giottino en souvenir de son aïeul (1); celui-ci, quoique mort fort jeune, loin de dégénérer, ajouta au contraire à son art par une entente plus délicate des draperies, des cheveux et de la barbe, et montra un ferme esprit au milieu des révolutions de Florence, en peignant, sur les murs du palais du Podestat, la défaite du duc d'Athènes, dont il avait aidé à renverser la tyrannie (2). Cependant celui qui remplit auprès de Giotto le rôle de Micon est, comme nous l'avons dit, Taddeo Gaddi, dont on voit à Florence de nombreux et d'admirables ouvrages, surtout dans la sacristie de Sainte-Croix, et dans le vieux chapitre de Santa-Maria Novella, où, avec le Siennois Simon Memmi, instruit aux mêmes leçons, il peignit l'histoire symbolique de la science et de la religion du moyen-âge, aux deux côtés d'un calvaire composé de la manière la plus savante et la plus belle. C'est le fils de Taddeo, Agnolo Gaddi, qui, par les peintu-

(1) Rosini, *Storia della pittura italiana*.
(2) Ibid.

res du chœur de Sainte-Croix, tombées dans le naturalisme le plus prosaïque, commença la décadence de l'école. Cependant les exemples de Giotto avaient formé bien d'autres disciples encore ; ils avaient renouvelé des artistes qui, dans Florence même, suivaient d'autres traditions : Buffalmacco, par exemple, élève encore rapproché des Byzantins, et si divers, suivant qu'on le considère dans son Triptyque si dur et si gris de l'Académie de Florence, ou dans les peintures giottesques du Campo-Santo de Pise et de l'église souterraine d'Assise. Les mêmes modèles excitaient encore dans la même ville, s'ils ne le dirigeaient pas entièrement, Andrea Orcagna, auteur du grand jugement deux fois répété au Campo-Santo de Pise, et à Santa-Maria Novella de Florence ; artiste qui, à cause de l'importance de ces compositions si vantées, pourrait être regardé comme le Panœnus de son époque. Mais l'influence de Giotto s'étendit aussi sur toutes les autres écoles de l'Italie, et, quoi qu'on ait dit de nos jours, les unit en suscitant des imitateurs dans chacune d'elles : Simon Memmi à Sienne, Pietro Cavallini à Rome, Paolo Veneziano à Padoue. Les Byzantins parurent désertés partout ; mais, dans l'époque suivante, nous verrons sortir de l'Ombrie des élèves qui nous laisseront reconnaître la tradition orientale, même après l'avoir transformée de la manière la plus brillante.

CHAPITRE QUINZIÈME.

Deuxième époque. — Apollodore et Masaccio.

Les nouveaux pas que l'art fait, dans la seconde époque,
vers l'imitation de la nature sont très exactement signalés
par les témoignages réunis de Pline et de Plutarque. L'é-
crivain latin, dans son langage clair et cependant peu compris jusqu'à ce jour, dit que l'Athénien Apollodore, qui
fleurissait dans la quatre-vingt-treizième olympiade, c'est-
à-dire vers la fin de l'époque d'Alcibiade, sut le premier
donner aux objets qu'il peignait leur véritable apparence,
et fonda ainsi le premier la gloire de son art (1). Le Grec
nous fait expressément connaître un des moyens par lesquels l'artiste rendait son imitation parfaite, lorsqu'il le
loue comme le premier des humains qui ait su fondre les
couleurs et représenter les ombres (2). Mais cette grande
science des ombres et du mélange des couleurs ne pouvait
aller aussi sans une science plus grande du dessin, et c'est
ce que Pline désigne bien lorsqu'il couronne l'éloge du
même peintre en disant, à la lettre, qu'avant lui on n'avait
pas fait un tableau qui pût tenir sous le regard (3). Voilà
l'expression la plus forte qui nous puisse donner à entendre combien était encore grossière l'imitation de ces premiers peintres, qu'Aristote préférait cependant aux plus
consommés dans l'art de l'illusion. Aussi Pline, qui n'a

(1) « Hic primus SPECIES exprimere instituit, primusque glo-
riam penicillo jure contulit. » (Plin., *Hist. nat.*, lib. XXXV,
c. 36.

(2) Ἀπολλόδωρος, ὁ ζωγράφος· ἀνθρώπων πρῶτος ἐξευρων φθορὰν
καὶ ἀπόχρωσιν σκιᾶς, Ἀθηναῖος ἦν. (Plutarch.)

(3) « Neque ante eum tabula ullius ostenditur, quæ TENEAT
OCULOS. » (Plin. loc. cit.)

pas les hautes idées d'Aristote, déclare-t-il expressément qu'Apollodore fut le premier flambeau de la peinture (1).

Comme Apollodore à Athènes, Masaccio fut à Florence le premier qui donna à ses figures la liberté et la saillie de la nature; il y parvint aussi par un dessin plus savant, par le mélange des couleurs, par la représentation des ombres. Au trait rigide et bref de ses prédécesseurs, il substitua des contours plus sinueux, où cependant les détails ne faisaient point encore trop perdre de vue la belle ligne naïve du style primitif; au lieu d'appliquer les couleurs simples, comme on les voit presque partout dans les ouvrages de l'école de Giotto, il les mêla si bien, qu'il peut passer pour avoir communiqué à la fresque des tons trop forts, puisque André del Sarto, souverain maître en cet art, les simplifia plus tard et les ramena, dans ses admirables pages de l'Annunziata, aux nuances plus claires et plus blondes des giottesques. Dans la distribution des ombres, qui étaient presque absolument inconnues avant lui, il excella si bien, qu'il donna, non seulement le relief de la sculpture à la plupart de ses figures, mais encore une étonnante profondeur à ses groupes, où un grand nombre de personnages paraissent mouvans et libres dans l'espace le plus resserré. C'est avec tous ces beaux artifices qu'il peignit, au commencement du quinzième siècle, dans l'église des Carmes de Florence, la fameuse chapelle des Brancacci, qui, à la fin du siècle et au commencement du siècle suivant, était encore l'école de Léonard, de Michel-Ange et de Raphaël.

Il est évident qu'Apollodore dut être formé par l'étude des chefs-d'œuvre que la sculpture avait produits pendant la grande époque de Périclès; il y voyait les modèles d'un dessin qui savait accorder encore la majesté et la vie; il n'avait qu'à remarquer les jeux qu'y faisaient l'ombre et le jour, pour arriver du même coup aux teintes fondues des couleurs mêlées et aux effets dégradés ou contrastés de la lumière. Ce qui montre, avec évidence, qu'il se forma sur

(1) « Festinans ad lumina artis, in quibus primus refulsit Apol-
« lodorus Atheniensis. » (Ibid.)

les statues, c'est que Pline ne cite de lui que des figures isolées, un prêtre en adoration, Ajax frappé par la foudre. Masaccio vint au monde dans un temps où la sculpture, poussée par l'exemple de Giotto, et plus prompte, à cause de ses reliefs, à s'approcher de la nature une fois qu'elle y est acheminée, produisait à Florence des chefs-d'œuvre, dont on n'imagine pas la perfection quand on ne les a pas vus ; il fut donc élève de Donatello, de Ghiberti, surtout de Brunelleschi ; il le fut plus encore des sculpteurs antiques qu'il alla étudier à Rome, où, n'en ayant pas encore digéré la forte nourriture, il fit dans l'église de St-Clément le premier essai de son style nouveau. Revenu à Florence, il n'avait pas achevé d'en montrer le second et l'admirable exemplaire, lorsqu'il fut enlevé, à la fleur de l'âge, par quelque crime obscur. S'il avait vécu plus longtemps, il est à croire qu'il aurait formé, par ses exemples et par son enseignement direct, des élèves plus grands et plus dignes d'être opposés à ceux d'Apollodore ; quant à lui, je ne doute pas qu'il ne se soit élevé plus haut que son rival, lorsque je compare la foule de personnages si admirablement assemblée dans ses fresques, aux figures solitaires peintes par le Grec, moins avancé certainement dans l'art de la composition.

Les artistes qui, chez les anciens, suivirent immédiatement Apollodore, sont beaucoup plus célèbres que ceux qui, parmi les modernes, viennent après Masaccio. Mais Junius a remarqué, depuis longtemps, qu'il ne fallait pas prendre à la lettre tout ce que les contemporains avaient raconté de merveilleux au sujet de Zeuxis et de Parrhasius : si nous jugions Filippo Lippi et Pérugin, non pas sur l'opinion qu'on s'en fit au seizième siècle, après les chefs-d'œuvre du Corrége et de Raphaël, mais sur celle qu'en conçut, au quinzième siècle, l'enthousiasme de leurs premiers admirateurs, nous aurions aussi, sans doute, à répéter des récits incroyables. Mais quoique nous saisissions encore ici des ressemblances soutenues, nous devons marquer d'abord une différence qui a dû donner aux Grecs, dans l'époque où nous touchons, un avantage réel sur les Italiens. Les écoles de l'Asie vont déborder sur la Grèce.

Si nous avons pu justement leur comparer les écoles établies en Italie, aux bords du Tibre, c'est surtout pour les dispositions naturelles des races où les unes et les autres se sont développées. Pour le reste, nous savons bien qu'avant Giotto et son élève Pietro Cavallini, il n'y avait ni dans l'Ombrie, ni à Rome, d'école capable de lutter même avec les Byzantins; nous avons, au contraire, de fortes raisons de croire qu'avant l'époque de Cimon, en Asie et dans les îles de l'Archipel, la peinture était assez avancée pour que Polygnote, tout en formant un style propre aux Grecs du continent, ait pu beaucoup emprunter à celui des Grecs de l'Archipel.

Il faut cependant conclure des paroles de Pline que Zeuxis était élève d'Apollodore (1); mais si, comme on en peut douter, il vint se perfectionner à Athènes, il avait eu déjà ailleurs des maîtres, soit Démophile d'Himère en Sicile, soit Nesée de Thasos, d'où le père de Polygnote était déjà sorti. Il était lui-même d'Héraclée, sans qu'aucun ancien ait jamais marqué de laquelle des trente-cinq villes connues sous ce nom en Grèce, en Asie, en Italie ou en Sicile. Cependant, comme on sait aussi qu'il alla peindre et mener une vie fastueuse à Agrigente, auprès de laquelle s'élevait l'Héraclée de Sicile, il est à croire que c'est dans celle-ci qu'il reçut le jour, et que c'est à Himère, dans la même île, qu'il prit les premières leçons de son art. Il est donc à peu près démontré qu'il y avait alors chez les Doriens de Sicile des écoles, enfantées sans doute directement par celles que la même race avait formées à Rhodes et dans le reste de l'Archipel, au voisinage de l'Ionie. Au rapport de Pline, Zeuxis alia a Athènes et commença à y briller sur les traces d'Apollodore, la quatrième année de la quatre-vingt quinzième olympiade, c'est-à-dire quatorze ans après qu'Apollodore lui-même avait commencé à se faire connaître, et quatre ans seulement après la mort de Socrate. Comme nous avons vu qu'il retourna en Sicile, il est possible aussi qu'il ait été

(1) « Ab hoc (Apollodoro) artis fores apertas Zeuxis Heracleotes intravit. » Plin., *Hist. nat.*, l. XXXV, c. 36.

visiter a Éphèse l'école la plus importante de l'Asie, et qu'il ait même reçu le droit de cité dans cette ville ; car il a été appelé citoyen d'Éphèse par un auteur (1). Mais c'est a Athènes qu'il forma son style, qu'il acquit sa réputation, qu'il soutint, à ce qu'il semble, des concours fameux. Ainsi, même par les étrangers, se développait encore, dans l'Attique, la grande école fondée par Polygnote.

Zeuxis ajouta, sans doute, beaucoup à l'illusion produite déjà par Apollodore, puisqu'on fit ce conte des oiseaux qui venaient becqueter ses raisins. Si on songe à l'état d'imperfection où Apollodore, son maître, avait pris l'art, et combien de temps après le Masaccio les modernes sont arrivés, dans les Pays-Bas et en Italie, à bien imiter la nature morte, on imaginera que les oiseaux de la Grèce devaient être singulièrement complaisans. Pour atteindre à une imitation parfaite, Zeuxis n'épargnait point la peine, il copiait le nu ; et c'est surtout cette exactitude scrupuleuse que Pline entend louer dans l'histoire des cinq jeunes filles choisies à Agrigente pour composer un tableau destiné au temple de Junon (2). L'écrivain ajoute bien que l'artiste voulait mettre dans sa peinture ce que ces cinq personnes avaient de mieux ; mais il ne dit pas que dans cette peinture il ne devait y avoir qu'une seule figure. Du reste, personne ne pourrait nier que Zeuxis ne cherchât en effet les belles parties ; si on veut savoir quelles étaient les parties qu'il trouvait belles, on verra dans Pline qu'il se formait un certain idéal grandiose et encore sévère de la beauté ; on lui reprochait de faire de gros membres, et de mettre de l'exagération surtout dans les articulations et dans les têtes. Selon Pline, il caractérisa aussi heureusement une image qu'il fit de Pénélope ; mais j'aime mieux m'en tenir au jugement d'Aristote, qui, le comparant à Polygnote, déclarait, je l'ai déjà dit, ne pas apercevoir dans ses peintures la moindre trace des caractères. Telles

(1) Junius, *de Pictura veterum*, au mot Zeuxis, note B.

2) « A ioqui TANTUS DILIGENTIA, ut Agrigentinis facturus, *tabulam*, quam in templo Junonis Laciniæ publice dicarent » inspexerit virgines eorum nudas, et quinque elegerit, ut quod in quaque laudatissimum esset, pictura redderet. »

sont les véritables qualités du talent de cet homme dont les modernes se sont toujours exagéré l'importance.

Il me semble qu'elles se retrouvent, en grande partie, dans le principal élève de Masaccio, dans Filippo Lippi. Ce moine, auquel on a de nos jours prodigué les injures, est un peintre admirable, qui ne saurait être jugé, de ce côté-ci des Alpes, sur quelques tableaux de madones où règne une grâce trop sévère pour se faire goûter de tous les yeux. Il veut être vu dans le chœur de l'église de Prato, dont les fresques ont fait dire, avec raison, à Vasari, que leur auteur avait agrandi le style de Masaccio; il veut surtout être étudié dans l'apside de la cathédrale de Spolète, que certainement Vasari n'avait pas visitée, et dont l'auteur de la dernière Histoire de la peinture italienne a relevé si justement l'étonnante décoration (1). Là, dans son ouvrage suprême, Lippi a si puissamment développé sa manière grandiose, qu'on ne saurait éprouver, même en face d'œuvres plus parfaites, une plus forte impression de majesté. Les figures qu'il y a tracées s'élèvent au-dessus de la nature par leur grand air et par leurs proportions héroïques; elles participent cependant de la vie humaine par l'aisance de leurs mouvemens solennels. Si j'avais un défaut à reprendre dans ces imposantes peintures, ce serait celui qu'Aristote blâmait dans Zeuxis, de marquer le penchant général de l'auteur à un système de représentations grandioses, plutôt que les caractères particuliers des divers personnages représentés. Filippo Lippi montra assez quelle importance il attachait à l'étude du modèle, lorsqu'il enleva du cloître de Prato cette jeune nonne, dont l'histoire se rapporte bien, pour le fond, au récit des cinq jeunes filles d'Agrigente. Sans doute, il prouva d'une manière trop fâcheuse que les mœurs de son siècle n'avaient pas conservé la pureté antique. Pauvre moine, agité par une vie aventureuse, emmené esclave en Afrique, puis exposé à Florence, dans le palais même des Médicis, à toutes les corruptions de la tyrannie qui commençait; enfin, jeté à Prato, au milieu des séductions de la beauté dont il fai-

(1) Rosini. *Storia della pittura italiana*, t. III, c. 1.

sait son étude, il se rendit célèbre par ses passions. Il ne le fut pas du moins par cet insupportable orgueil que Zeuxis étalait dans les villes plus corrompues encore de la Sicile, défiant non seulement ses rivaux par ses mépris, mais les républiques par ses générosités affectées, et les princes mêmes par ses vêtemens où brillaient la pourpre et l'or.

Si la gravure, qui répand aujourd'hui tant d'images inutiles, savait propager celles des monumens imposans de l'art, il serait curieux de voir reproduire, dans un même recueil, d'un côté, cette peinture de l'enfance d'Hercule, qu'on a transportée de Pompéi au Musée de Naples, et qu'à cause seulement du principal personnage, répété dans vingt autres monumens antiques, je jugerais être l'imitation d'un des plus fameux tableaux de Zeuxis; de l'autre quelqu'un des beaux ouvrages de Lippi, ou l'Hérodiade de Prato, ou ce couronnement de la Vierge de Spolète, imité de si près par le Corrége, dans son admirable apside de Saint-Jean de Parme. On serait assurément étonné de retrouver, dans des ouvrages si différens, une simplicité et une grandeur pareilles de style ; on admirerait dans le morceau antique une science du geste, et une habile disposition des membres, produites évidemment par l'étude des sculptures sans égales de la Grèce ; mais pour compenser ce bonheur qui fait l'originalité des anciens, et qui assure leur supériorité, le dessin moderne offrirait une composition pittoresque, une expression relevée, qui sont aussi des dons à estimer.

S'il faut s'en rapporter aux paroles de Quintilien, qui sont toujours les plus claires, tandis que Zeuxis développait dans l'école d'Athènes la réforme d'Apollodore en s'attachant surtout à bien rendre les ombres et les lumières, et à prêter, d'après Homère, aux hommes et aux femmes mêmes de puissantes proportions, Parrhasius se montra, qui mit son soin à donner à tous les traits plus de délicatesse, aux contours surtout plus de précision (1).

1) « Zeuxis atque Parrhasius plurimum arti addiderunt. Quorum prior luminum umbrarumque invenisse rationem, secundus

Il était né à Éphèse, dans la capitale de l'Ionie, et avait été formé par son père Évenor. Il avait reçu sans doute de lui toutes les pratiques du style asiatique. Il vint cependant exercer son art à Athènes, qui, depuis Polygnote et Phidias, était la plus grande école des arts ; il a même été appelé, par Sénèque, du surnom d'Athénien, comme s'il l'était en effet devenu par quelque adoption politique. Quant à l'époque précise où il parut, il n'est pas facile de la fixer d'une manière sûre. Suivant Pausanias, il aurait dessiné le combat des Centaures et des Lapithes que le ciseleur Mys grava sur le bouclier de la Minerve de Phidias ; selon Xénophon, ayant eu des entretiens avec Socrate, il aurait vécu à l'époque d'Alcibiade ; comme cependant, au rapport de Pline, et d'après le témoignage de la plupart des auteurs, il vint non seulement après Apollodore, mais encore après Zeuxis, il faut reconnaître qu'il ne put être en réputation qu'après la mort de Socrate, vers la quatre-vingt-seizième olympiade, à l'époque de Conon.

Dans quelle mesure sut-il unir les traditions de l'école où il entrait, et de celle d'où il sortait ? c'est ce qu'il est impossible d'établir. Il est pourtant manifeste que, tout en empruntant assez à la première école pour réussir parmi les Athéniens, il dut retenir de la seconde celles mêmes des qualités qui firent la gloire de son nom. Le premier, dit Pline, il ordonna avec goût ; le premier, il traita les cheveux avec élégance, les expressions avec une finesse subtile ; le premier il donna la grâce au visage (1) ; il excella dans ces contours où triomphe, en effet, le dessin, et où l'antiquité aimait, non seulement à deviner les parties qu'ils cachaient, mais la vie même qui semblait dépendre, à son jugement, de leurs ondulations fuyantes (2). Si habile aux

« examinasse subtilius lineas traditur. Nam Zeuxis plus membris
» corporis dedit, id amplius atque augustius artus : atque Home-
» rum secutus, cui validissima quæque forma etiam in feminis
» placet. Ille vero ita circumscripsit, ut eum legum latorem vo-
» cent. » (Quintil., l. XII, c. 10)

(1) « Primus symmetriam picturæ dedit, primus argutias vultu,
» elegantiam capilli, venustatem oris. » (Plin., l. XXXV, c. 36)

(2) « Confessione artificum, in lineis extremis ; ambiri se ipsas

extrémités, il ne rendait point aussi bien les milieux (1) :
il excellait aux premières à cause de la délicatesse de son
organisation et de la précision de son trait; il manquait
dans les seconds, parce qu'il n'avait point sans doute assez
étudié ce jeu savant des ombres et des lumières, transmis
à Zeuxis par Apollodore; au lieu d'un coloris propre à
faire sentir les reliefs, il n'avait, en effet, qu'une couleur
encore trop tendre et trop claire, comme on le voit par
le reproche qui lui fut fait d'avoir peint un Thésée
nourri de roses et non du suc des chairs (2). Il parvenait
cependant, avec ces moyens encore bornés, à produire
d'étonnantes illusions aux yeux facilement séduits des
Athéniens. On a raconté que, défiant Zeuxis, il l'avait
trompé en peignant sur son tableau un rideau que son
rival voulait faire lever. Il avait aussi peint, dit Pline,
des lutteurs, dont l'un, lancé à la course, faisait voir la
sueur qui le baignait, dont l'autre, posant son armure,
faisait entendre sa respiration précipitée (3). Je croirais
plus volontiers ce qu'on dit des deux enfans auxquels il
sut donner toute l'innocence et toute la candeur de leur
âge, et de cette peinture du Peuple où, par une entente
habile de l'expression, et non par un nombre infini de
personnages, comme le père de la Nauze l'a singulièrement
compris, il se proposait de montrer, dans une grande figure
symbolique, l'abrégé des vices et des vertus de la démo-
cratie athénienne. C'étaient là, en effet, des succès que
devait ambitionner un homme aussi ingénieux. Il était
naturel que, par cette finesse excessive, il fût conduit à
l'excès de la vanité et de l'arrogance, se vantant lui-même

» Hæc est in pictura summa subtilitas... Ambire enim debet se
» extremitas ipsa et sic desinere, ut promittat aliud post se, osten-
» datque etiam, quæ occultat. » (Plin., ibid.) — « Tanta enim
» subtilitate extremitates imaginum erant ad similitudinem præ-
» cisæ, ut crederes etiam animorum esse picturam. » (*Satyri con.*)

(1) « Minor tamen videtur in mediis corporibus exprimendis. »
(Plin., loc. cit.)

(2) « Euphranor dixit Theseum apud Parrhasium rosa pastum
» esse, suum vero carne. » (Plin., l. XXXV, c. 11)

(3) « Alter in certamine ita decurrens, ut sudore videatur,
» alter arma deponens, ut anhelare sentiatur. » (Plin., ibid.)

non seulement de sa supériorité , mais de sa mollesse , et traînant partout la pompe d'un roi. C'est l'Asie qui avait formé son caractère comme son talent ; c'est elle qui, par la main de Parrhasius , établissait à Athènes et faisait pénétrer dans l'art heliadique sa délicatesse, sa subtilité et sa grâce : signes les plus marquants de cette seconde époque.

Pour voir venir à Florence un homme qu'on puisse comparer à Parrhasius , il faut aller jusqu'à la seconde partie du quinzième siècle , dont la première avait été remplie par les travaux de Masaccio et de Filippo Lippi. Ces commencemens du siècle, qui correspondent au temps du grand Côme de Médicis , avaient bien produit un autre artiste digne de toute renommée, et doué de quelques unes des belles qualités que l'antiquité a louées dans Parrhasius. Le pieux Dominicain qui, descendu du couvent de Fiesole, à St-Marc, en a couvert toutes les murailles de ses peintures angéliques ; le *beato* fra Giovanni Angelico da Fiesole, a fait aussi, comme Parrhasius, sa principale étude du dessin, et il en a laissé les modèles les plus purs et les plus fins qu'on ait vus avant Raphaël ; mais par ses airs célestes, par l'austérité qu'il porta jusque dans la douceur, par je ne sais quelle timidité touchante qu'il mêla à la science, il fut un des représentans les plus particuliers du christianisme, et précisément le contraire de ce qu'on imagine de la mollesse et du faste de Parrhasius. Cependant, après tous ces peintres de la génération de Côme, au milieu de celle de Laurent le Magnifique, et, à ce qu'il semble (1), l'année même qui suivit la mort de Lippi, arriva à Florence un homme qu'on n'a voulu considérer aussi de nos jours que comme un artiste religieux, et qui déjà avait une plus forte empreinte du génie voluptueux de la renaissance. Pérugin venait des dernières villes étrusques qui, voisines du Tibre , incorporées dans les Etats de l'Eglise , avaient été autrefois plus spécialement assimi-

(1) Rosini, *Storia della pittura italiana*, t. III, c. 8, fait venir Pérugin à Florence vers 1470. Filippo Lippi était mort à Spolete en 1469, année où Laurent le Magnifique succéda à son père Pierre dans la direction de la république de Florence.

tées par les Romains à la civilisation antique ; né à Citta della Piave, élevé à Pérouse, ayant successivement pris le nom de ces deux villes, il était considéré en Toscane comme un étranger, et il y apportait, en effet, un génie riant et aimable qui n'y était pas connu avant lui. Ainsi le peintre d'Éphèse avait dû se présenter aux Athéniens. Presque tous les traits par lesquels on l'a caractérisé, Perugin les reproduit pour nous; il est vrai que pour s'en montrer paré, il veut être examiné, non pas dans quelques tableaux qui ont passé les monts, mais dans ceux de l'Académie des beaux-arts de Florence et du palais Pitti, dans les admirables fresques du collége du Change de Pérouse, surtout dans les deux grandes pages qui, à la tribune de Florence et au musée du Vatican, soutiennent si heureusement la comparaison des plus beaux ouvrages de Raphaël. Là, il nous apparaît avec les proportions délicates et l'agréable ordonnance (1), avec les airs subtils et spirituels (2), avec la grâce (3), avec les contours étudiés et les milieux moins savans (4) que les anciens ont surtout marqués dans Parrhasius. Il dessina des corps sveltes, et il ajouta encore à leur élévation en leur donnant des articulations et des têtes comparativement petites, caractères auxquels nous savons, par les reproches faits à Zeuxis et à Euphranor, que les Grecs attachaient aussi l'idée de l'élégance. Il composa d'une manière symétrique que les anciens eussent certainement louée; et, par dessus ses figures mises en un bel ordre, il jeta, dans ses plus beaux tableaux, ces légères arcades de Brunelleschi qui en relèvent la grâce, qui la mesurent pour ainsi dire, et qui sont le signe irrécusable de tout ce qu'il sut gagner à l'école de Florence. Il donna à ses têtes des expressions qui, lors même qu'elles sont le plus ravies et le plus célestes, conservent toujours je ne sais quoi de précieux, que les Grecs savaient aimer

---

(1) « Primus symmetriam picturæ dedit. » (Plin., in *Parrhasio*.)
(2) « Primus argutias vultus. » (Ibid.)
(3) « Venustatem oris. » (Ibid.)
(4) « In lineis extremis palmam adeptus .. Minor in mediis corporibus exprimendis. » (Ibid.)

comme un indice de la finesse de l'esprit. Il fit, le premier, connaître aux Florentins, qui n'avaient pas encore quitté leur style austère et fier, cette douceur charmante que les anciens nommaient du nom de leur Vénus. Il n'eut aucune idée de l'anatomie des corps, dont il n'a point su représenter les détails intérieurs; mais il a tellement soigné les contours que, comme il a fait pour l'expression, il y est souvent tombé dans la manière. Il a dessiné, sur des fonds calmes, les silhouettes les plus gracieuses; il en a ondulé les lignes avec une finesse qui, non seulement indique les parties cachées, mais encore qui en fait comme mouvoir doucement les bords sous le regard; quelquefois il les accidente trop, et, pour vouloir insister sur la grâce et sur le mouvement, il exagère les inflexions, surtout dans les mains et dans les pieds, qu'il contourne outre mesure. Par une autre ressemblance où il est plus heureux, il a peint les enfans si aimables et si purs, que Raphaël semble l'avoir copié plus littéralement dans ce point que dans tous les autres, comme on peut s'en convaincre, surtout à la tribune des Offices de Florence, en comparant l'enfant de la Vierge-au-Chardonneret avec celui de la grande Madone de Pérugin. Il n'est pas besoin d'exagérer le mérite du maître de Raphaël pour le placer au niveau de Parrhasius; il est probable qu'il lui a été supérieur, et qu'il aurait reçu de la délicatesse grecque des éloges que notre goût, pesant et grossier même dans sa sagesse, lui a jusqu'à ce jour refusés. Au milieu de cette malheureuse Italie que la plaie de la vanité municipale dévore, il eut la mauvaise rencontre d'appartenir à une ville qui ne marquait pas assez pour forcer les autres cités à le compter au rang où il méritait d'être; à Florence, haï par l'école qui avait cependant quelque avantage à tirer de ses exemples, il fut décrié comme étranger, et accusé de vices qui, s'ils étaient prouvés, le feraient peut-être ressembler mieux encore au peintre d'Éphèse.

Pline raconte que dans un concours de peinture qui fut ouvert à Samos, île la plus voisine de la côte d'Ionie, Parrhasius fut vaincu par Timanthe, qui dut surtout sa célébrité à l'invention de ses ouvrages. Plutarque parle d'un autre Timanthe que Junius a confondu avec celui-ci, et qui, peignant, deux siècles plus tard, les victoires d'Aratus, ne pouvait vivre au temps de Conon. Ce contemporain d'Aratus était évidemment, comme lui, de Sicyone; mais le rival de Parrhasius, selon le rapport de Quintilien, était de Cythos, l'une des Cyclades. Quoiqu'il se trouvât là près d'Athènes, il est à croire, d'après ce qu'on rapporte de sa victoire à Samos, qu'il n'était pas sans affinité avec les écoles de l'Asie. Homme ingénieux, il se rendit illustre par le tableau du sacrifice d'Iphigénie, où il avait voilé Agamemnon. Le prix attaché par l'antiquité tout entière à cette idée, que le peintre avait même empruntée textuellement à Euripide, prouve et la simplicité ordinaire de la peinture grecque, et le goût des anciens pour tout ce qui portait le caractère de l'esprit. Si, comme il est difficile d'en douter, le Sacrifice d'Iphigénie, qu'on voit au Musée de Naples, rappelle celui qui avait rendu le nom de Timanthe fameux dans les écoles des déclamateurs de Rome, on peut se convaincre que le peintre grec avait exécuté son ouvrage dans un style archaïque assez semblable à celui des contemporains de Pérugin. Pline, qui fait un très grand éloge de cet artiste en disant que dans ses compositions on voyait encore plus de choses sous-entendues qu'il n'y en avait d'exprimées (1), rapporte un autre trait de son esprit : Timanthe ayant peint, dans un petit tableau, un cyclope endormi, en fit comprendre la grandeur en figurant auprès de lui des satyres qui mesuraient son pouce avec un thyrse.

On trouverait facilement, parmi les peintres qui ont vécu dans la seconde moitié du quinzième siècle, des exemples plus relevés à opposer à ces finesses de Timanthe. Je m'arrête à Luca Signorelli, parce que, né à Cortone, sur la limite de la Toscane et des États de l'Église, il alla de préférence prendre ses leçons dans l'Ombrie, auprès de Pietro della Francesca, maître de Pérugin, et qu'il lutta avantageusement avec celui-ci à Rome, dans ces premières

---

(1) « Atque in omnibus ejus operibus intelligitur plus semper, quam pingitur. » (Plin., *Hist. nat.*, l. XXXV, c. 36.)

peintures de la chapelle Sixtine, qui, en face des chefs-d'œuvre de Michel-Ange, conservent encore un grand intérêt. Signorelli est un Toscan affilié aux écoles fondées sur les bords du Tibre; il alla aussi, assez tard, voir ce qu'on faisait à Florence, et il en rapporta des enseignemens qui, sans doute, lui furent utiles pour exécuter son chef-d'œuvre dans le dôme d'Orviette, où la peinture italienne montra au quinzième siècle sa forte jeunesse, comme au quatorzième elle avait montré son adolescence dans l'église d'Assise et dans le Campo Santo de Pise. En représentant la fin du monde sur trois murailles de la chapelle latérale d'Orviette, Signorelli fit briller aux yeux des modernes de bien autres pensées que celles qui avaient recommandé Timanthe dans l'antiquité. En effet, le peintre de Cortone y déploya une telle invention, que, de l'aveu de Vasari lui-même, élève de Michel-Ange, Buonarrotti non seulement donnait les plus grands éloges à ces fresques d'Orviette, mais encore leur emprunta beaucoup lorsqu'il peignit le jugement universel dans la chapelle Sixtine. Le dernier historien de la peinture italienne a prouvé que Vasari n'avait point vu ces chefs-d'œuvre de Lucca Signorelli; la description qu'il en donne (1) lui-même suffirait pour montrer que Michel-Ange en a tiré quelques unes de ses idées, tour à tour les plus touchantes et les plus terribles. En face de l'Antéchrist, que l'artiste de Florence n'a point représenté, et auquel celui de Cortone a donné les traits les plus fortement marqués, après ce bouleversement de la nature qui n'est pas figuré dans la chapelle Sixtine, et qui est un des plus beaux endroits des peintures d'Orviette, on voit dans celles-ci, sur la troisième muraille, les morts se lever de terre, au son de la trompette, exprimant les degrés divers de l'attente, du doute, de l'angoisse, de la terreur. Une femme qui, au milieu de ces horreurs, veut les faire oublier à son mari par ses caresses, ne présente-t-elle pas une idée bien plus forte que celle du manteau jeté sur les yeux d'Agamemnon? Signorelli s'était nourri du Dante, comme Timanthe d'Euripide;

---

1. Rosini, *Storia della pittura italiana*, t. III, c. 5, p. 90.

et il devait y avoir entre les pensées de ces deux artistes la même différence qu'on remarque entre la force simple et pathétique du poëte toscan, et la subtilité ingénieuse du tragique athénien.

Tous les peintres grecs que nous avons nommés jusqu'à présent sont de ceux que les auteurs désignent comme n'ayant employé que quatre couleurs. Cicéron dit expressément que dans Polygnote, dans Zeuxis, dans Timanthe et dans ceux qui ne se sont servis que de quatre couleurs, l'antiquité n'admirait que les formes et les traits, et il ajoute aussitôt que, dans les peintres de la génération suivante, dans Echion, dans Nicomaque, dans Protogène, dans Apelle, toutes les perfections se trouvent réunies (1); ce qui indique bien que ceux-ci ont usé d'un plus grand nombre de couleurs. Pline semble, il est vrai, montrer le contraire, lorsque, dans un passage dont nous avons aussi déja fait usage, il dit positivement que les plus illustres des peintres, Apelle, Echion, Mélanthe, Nicomaque, ont employé, dans leurs ouvrages immortels, seulement quatre couleurs, le melinum pour les blancs, l'ocre attique pour les jaunes, la sinopide de Pont pour les rouges, l'atramentum pour les noirs (2); mais Polygnote, nous l'avons montré, avait peint des bleus et des verts, qu'on trouverait difficilement avec les seules substances que Pline vient de nous faire connaître. Ailleurs, l'écrivain a lui-même parlé d'une autre couleur qui a joué le plus grand rôle dans l'antiquité, du *minium*, qui, d'après ses propres paroles, fut découvert par l'Athénien Callias, quatre-vingt-dix ans avant l'archontat de Praxibule, c'est-à-dire vers l'an 349 de Rome, qui correspond à la quatrième année de la quatre-vingt-treizième olympiade, où florissait Apollodore, l'instituteur de la seconde époque de la peinture grecque (3). Est-il à présumer que cette découverte, faite par un citoyen d'Athènes, aura été inutile aux peintres qui vivaient après lui dans la même ville? Et comme on sait qu'une grande partie des perfectionnemens apportés par Apollo-

(1) Voy. ch. 14.
(2) Voy. ch. 11.
(3) Plin., *Hist. nat.*, l. XXXIII, c. 37.

dore et par Zeuxis consista dans l'étude du coloris, ne doit-on pas être plus disposé à croire que ces artistes illustres usèrent de tous les moyens que leur siècle leur offrait pour donner de l'éclat à leurs ouvrages? Cependant ce serait tomber dans une autre erreur que de penser qu'ils ont connu tous les raffinemens réservés à l'époque suivante. Les paroles que nous empruntions tout-à-l'heure à Cicéron, et auxquelles on en pourrait joindre beaucoup d'autres, suffisent pour démontrer que, sous le rapport même des couleurs, malgré les progrès accomplis, ils avaient encore beaucoup à acquérir, et que, tout en imitant déjà, surtout par le jeu des ombres et des lumières, les reliefs de la nature, ils gardaient encore une simplicité de tons et d'effets qui ne s'accorde pas du tout avec ces miracles d'illusion attribués à Zeuxis et à Parrhasius. Quant au dessin, il est incontestable que les grands exemples de la sculpture avaient dû déjà le perfectionner beaucoup; et comme presque tous les tableaux qu'on cite dans cette époque n'offrent qu'une seule figure, c'est une forte preuve que les peintres s'y attachèrent en effet à imiter, autant que possible, les statues. C'est un des points par lesquels ce que nous savons de la peinture grecque dans cette période diffère le plus de ce que nous montre la peinture italienne dans l'âge correspondant.

En effet, chez les modernes, la peinture à fresque conserve encore son ancienne prééminence et continue à donner le ton aux autres genres. Il est vrai qu'elle se modèle déjà aussi sur la sculpture; mais elle imite beaucoup plus les bas-reliefs que les statues, et elle forme ainsi des représentations plus vastes, qui ont eu l'avantage de rendre plus vite nécessaire la connaissance des lois de l'ordonnance et de la perspective. L'Italie, dans cette même époque, me paraît aussi plus avancée que la Grèce sous le rapport des couleurs. Masaccio, sans parler des tableaux rares et suspects qu'on lui attribue, et qui, un siècle avant Giorgione, semblent déjà en offrir la pâte riche et forte, a employé, dans ses immortelles fresques de l'église des Carmes, une gamme de tons qui a de quoi étonner par son étendue et par ses nuances. Si Filippo Lippi, après lui, a fait de mélanges moins puissants et moins délicats tout ensemble, il a montré encore à Prato des teintes charmantes, à Spolette des tons vigoureux qui n'ont pas laissé s'affaiblir sensiblement le coloris du maître ; et quoiqu'il n'atteigne pas aux effets du siècle suivant, il est déjà bien loin des couleurs plates de l'école de Giotto. Pérugin apporta à Florence, avec sa grâce, une couleur plus égale peut-être, mais déjà plus brune ; en ce point il me paraît tout-à-fait différent de Parrhasius, à qui je l'ai comparé. J'imagine que les Orientaux, dont Parrhasius était l'élève, peignaient, comme lui, avec des couleurs roses, c'est-à-dire avec des teintes plates, qu'on avait soin seulement de dégrader pour caresser plus doucement les yeux. Les premiers maîtres que Pérugin avait eus dans l'Ombrie, héritant directement de la palette forte des Byzantins, avaient transmis, au contraire, à leur élève des tons dorés qu'il répandait peut-être trop uniformément par un sentiment naturel d'harmonie, mais qui donnent à ses peintures une chaleur douce et pénétrante. Luca Signorelli accusa plus énergiquement cette marque de l'école commune ; et comme on le peut voir par un admirable tableau conservé dans une chapelle latérale de la cathédrale de Pérouse, son coloris ne se distingue de celui des Vénitiens que par je ne sais quelle clarté magique qui est répandue sous l'enveloppe fauve et qui semble la faire palpiter en s'en échappant.

CHAPITRE SEIZIÈME.

Troisième époque.

Écoles de l'exacte imitation.

Parvenu à cette époque où les artistes, maîtres enfin de la nature, élèvent, à la place de l'ancien idéal hiératique, un idéal nouveau et libre, nous allons voir les écoles diverses, qui jusqu'alors s'étaient plus ou moins rapprochées dans leurs révolutions premières, faire éclater leurs différences les plus extrêmes, en poussant leurs principes aux dernières conséquences. Nous commencerons par les écoles qui semblent avoir eu pour destinée plus particulière de s'emparer fortement de la nature, et qui se sont fait de cette imitation exacte et riche une sorte d'idéal.

Euxénidas, qui vécut, comme Zeuxis, Parrhasius et Timanthe, à l'époque de Conon, et que, par le silence même de Pline, on est autorisé à ranger dans l'école d'Athènes, la principale de ce temps, fut le maître d'Aris-
de, qui, né à Thèbes, rendit le génie de cette ville célèbre dans les arts, au moment même où Epaminondas le rendait formidable par la guerre. Aristide, l'un des plus grands peintres de la Grèce, a encore vu, sous Philippe, ou sous Alexandre, Apelle, dont Pline dit qu'il fut l'égal; mais, élève direct d'un contemporain de Zeuxis, il est évident qu'il dut se signaler surtout dans cette génération intermédiaire qui sépare l'époque de Conon de celle de Philippe, et où domine le héros de Leuctres et de Mantinée. La civilisation et la puissance montent du bord des golfes de l'Attique et de la Laconie vers la Macédoine; elles font une halte en Béotie, dont Epaminondas et Aristide renouvellent ensemble la gloire effacée depuis le temps de Pindare : par ces trois génies, les tribus les plus pesantes

de la race dorienne ont marqué leur empreinte dans l'histoire de la politique, et dans celle des arts de la Grèce. Par eux Thèbes a manifesté aux yeux du monde cette noblesse morale qui semble être l'apanage particulier des Doriens. Aristide est, au dire de Pline, le premier qui ait peint l'âme et le caractère, ou, comme les Grecs le disaient en un seul mot, les *mœurs*; il les poussa au dernier degré et atteignit le pathétique (1). Il était l'auteur d'un tableau qu'Alexandre, sans doute après la prise de Thèbes, fit transporter à Pella, et qui était peut-être le plus beau de la Grèce, si l'expression égalait la pensée. L'artiste y avait représenté, au milieu d'une ville prise d'assaut, pour en rendre toute l'horreur en un seul groupe, une mère mourante des blessures qu'elle avait reçues, et son enfant se traînant auprès d'elle pour atteindre sa mamelle; il avait su faire entendre que la mère, à qui il ne restait que ce dernier sentiment, craignait que, le lait tari, l'enfant ne suçât le sang (2). Cette idée avait, comme toutes celles des Grecs, de la délicatesse jusque dans la force; bien rendue, elle devait faire une des plus éloquentes pages que le pinceau ait tracées. Aristide avait composé aussi un tableau à grand mouvement, un combat engagé avec les Perses, et qui contenait cent figures, payées à raison de dix mines chacune par Mnason, tyran de la petite ville d'Elatée en Phocide. Mais plus ordinairement il choisissait des sujets propres à émouvoir; s'il représentait un suppliant, il semblait lui donner la voix; il avait su faire voir que Biblis mourait de l'amour qu'elle avait conçu pour son frère; il avait peint surtout un malade dont les éloges ne finissaient point (3). Par ce dernier

(1) « Æqualis (Apellis) fuit Aristides Thebanus. Is omnium
» primus animum pinxit, et sensus omnes expressit, quos vocant
» Graii ἤθη, id est perturbationes. » (Plin., *Hist. nat.*, l. XXXV,
c. 36.)

(2) « Hujus pictura est, oppido capto ad matris morientis e
» vulnere mammam adrepens infans; intelligiturque sentire mater
» et timere ne, emortuo lacte, sanguinem lambat. » (Ibid.)

(3) « Pinxit et supplicantem, pene cum voce; et anapayome-
» num propter fratris amorem morientem, et aegrum sine fine lau-
» datum. » (Ibid.)

trait nous voyons qu'à l'exemple d'Euripide, qui venait de se signaler aussi par le pathétique, Aristide pouvait être accusé peut-être de l'avoir surtout senti et exprimé d'une manière matérielle et extérieure. C'était le signe particulier de sa race noble, mais pesante. Son origine aussi lui valait sans doute le reproche qu'on lui faisait d'avoir des couleurs trop dures, ainsi que le dit Pline dans un passage que nous traduisons sans chercher à l'expliquer encore (1). Une remarque importante, et dont il faut renvoyer aussi l'éclaircissement, c'est qu'on a attribué à Aristide l'invention si débattue de la peinture à l'encaustique (2). Ce Thébain avait, on n'en peut douter, appris son art à Athènes; mais il semble aussi qu'il l'avait été exercer dans sa patrie, au milieu des races doriennes, dont il exprima le génie dans ses peintures.

L'homme qui, chez les Italiens, a mérité les éloges accordés à Aristide pour avoir peint les passions, c'est Léonard de Vinci, qui, sorti de l'école de Florence, alla dans le nord de l'Italie, parmi les races aussi plus positives de la Lombardie, donner à la peinture une expression qu'elle n'avait pas eue avant lui. Il fut précédé à Milan par la réputation de ce moustre terrible qu'il avait figuré sur la rondache de figuier du paysan de son père : et en peignant dans cette ville, pour le duc Louis Sforce, la grande Cène du couvent des Dominicains, il montra jusqu'où l'art pouvait porter, avec la représentation des caractères, le pathétique, qui en est comme le degré le plus élevé. Il faut avoir vu, non pas dans des gravures infidèles, mais dans la majesté même de ses ruines, cette peinture sublime, pour comprendre l'émotion dont l'âme est comme accablée par la parole tout à la fois foudroyante et calme qu'on entend sortir des lèvres du Dieu trahi. L'émotion ne naît pas ici, comme dans la plupart des tableaux d'Aristide, de la représentation des circonstances matérielles, mais de l'expression tranquille des

(1) « Durior paulo in coloribus. »

(2) « Ceris pingere ac picturam inurere quis primus excogitaverit, non constat. Quidam Aristidis inventum putant, postea consummatum a Praxitele. » (Plin. *Hist. nat.*, l. XXXV, c. 38.)

sentimens les plus profonds de l'âme. Aussi ne saurait-on douter que Léonard de Vinci n'ait été bien supérieur à Aristide ; il portait la finesse exquise du sang florentin là où le Thébain était appesanti par le génie épais de la Béotie. Il donna encore de belles preuves d'une organisation spirituelle dans ces figures dont il remplit ses tableaux, et où le sourire de la volupté antique est partout relevé par celui de l'intelligence moderne : cependant il ne les eût peut-être pas autant répandues si, demeuré à Florence, il n'avait eu ni à considérer ni à charmer ces hommes du Nord qui, plus insensibles à la régularité de l'art, sont toujours conduits à en forcer l'expression. Si on voulait épuiser tout ce que Léonard de Vinci peut avoir de ressemblance avec Aristide, on remarquerait encore que, comme le Grec se rendit célèbre en composant un vaste tableau de bataille, l'Italien donna à ses compatriotes le fameux exemple d'une peinture animée, dans ce carton du combat équestre, qui rivalisa à Florence avec le carton de la guerre de Pise de Michel-Ange. Mais le Florentin avait bien d'autres qualités que rien ne nous révèle dans le Thébain.

Un contemporain d'Euxénidas, de Zeuxis et de Parrhasius, Eupompe fit dans l'art hellénique une révolution considérable. Celui-ci était de Sicyone, qui avait eu sans doute une école ancienne, féconde avant ce temps, mais jusqu'alors confondue avec les autres écoles grecques, dans leur rivalité contre les écoles de l'Asie. Eupompe est l'artiste qui, en accusant fortement dans la peinture le génie du Péloponèse, forma ce qu'on appela le style sicyonien, par opposition au style attique, comme on avait donné à la manière de Polygnote le nom de style helladique, par opposition au style (1). Quel était le caractère de ce nouveau style sicyonien ? Contentons-nous ici, avant de passer aux élèves d'Eupompe, de le juger par les traits que l'antiquité nous a laissés de lui. Pline raconte que le grand sculpteur de l'époque d'Alexandre, Lysippe, d'abord ouvrier fondeur, sentit sa vocation se décider en entendant parler Eupompe, à qui on demandait un jour quel était ce-

(1) Plin., *Hist. nat.*, l. XXXV, c. 36. — Voir ch. 12.

lui de ses prédécesseurs qu'il se proposait de suivre, et qui répondit, en montrant les hommes rassemblés autour de lui, qu'il fallait prendre pour maître la nature et non pas un artiste. Ceux qui savent ce que valent les mots, et quels grands changemens Lysippe fit dans la statuaire, idéale avant lui, et devenue par lui réelle, comprendront aisément que l'exacte imitation de la nature était le principe sur lequel Eupompe fonda l'école de Sicyone. Ailleurs l'étude des marbres d'Égine (1) m'a montré suffisamment que cette imitation était un des talens les plus particuliers des races du Péloponèse.

Chez les modernes, c'est aussi en allant vers le Nord qu'on rencontre des écoles fondées sur l'imitation de plus en plus exacte de la nature. Les Flamands ont poussé ce principe à l'extrême ; au-dessous d'eux, les Allemands l'ont embrassé avec passion ; en s'arrêtant aux pieds des Alpes, dans le vaste bassin du Pô, on trouve que les Lombards et les Vénitiens ont été chargés de le représenter particulièrement vis-à-vis des autres écoles de l'Italie, attachées à d'autres principes. Il est facile de reconnaître, en cette partie septentrionale de la péninsule, parmi les contemporains de Pérugin et de Luca Signorelli, un artiste analogue à Eupompe dans Mantegna, qui fut un grand instituteur d'école, et qui a fait produire peut-être à l'imitation ses plus étonnantes merveilles. Formé d'abord à Padoue, par son maître Squarcione, sur des fragmens antiques apportés de Grèce, André Mantegna, poussé par la force de son organisation, négligea la beauté de ces exemples pour n'en voir que l'exactitude. Déjà dans les belles fresques de l'église des *Eremitani*, où le Squarcione, cependant, lui reprochait d'avoir plus fait usage des marbres que du modèle vivant (2), il nous apparaît comme un disciple rigide de la nature, qu'il copie durement, mais littéralement. Plus tard, s'étant plus appliqué à dessiner d'après nature, il la serra de si près, que Vasari a eu raison de dire que, lors même qu'il couvrait de grandes murailles, il

(1) De l'Art en Allemagne, t. II.
(2) Rosini, *Storia della pittura italiana*, t. III, ch. X, p. 248.

les peignait comme des miniatures (1). C'est ainsi qu'il a exécuté les fresques de la chambre à coucher des Gonzague, le Triomphe de Jules César, transporté en Angleterre, et cet admirable triptyque de la tribune des Offices de Florence, où toute la patience minutieuse des Flammands se trouve relevée par le grand style des Italiens. A Mantoue, où il acheva ses jours, placé sur la limite des Lombards et des Vénitiens, il accusa de la manière la plus verte le caractère commun de ces deux écoles.

Par une conformité bien singulière avec ce que nous savons de Lysippe, élève d'Eupompe, l'école vénitienne, fille de Mantegna à tant d'égards, a été définie en deux mots par M. Quatremère de Quincy, comme s'étant arrêtée au portrait (2).

Le disciple qui, dans l'art de peindre, continua et développa l'école d'Eupompe, est Pamphile, de tous les peintres de cette génération intermédiaire celui qui a exercé la plus grande influence sur les artistes plus renommés de la génération suivante. Pamphile, né à Amphipolis, colonie que les Athéniens avaient fondée en Macédoine, s'établit, sans doute après avoir vu Athènes, à Sicyone, où, formé par les leçons d'Eupompe, il fut le maître de la plupart des grands artistes que nous aurons à compter désormais chez les Grecs. Selon le rapport de Quintilien, dont nous avons éprouvé déjà la sagacité, il brillait surtout par la raison (3); c'est ce que Pline développe fort bien, en disant que ce Macédonien fut le premier peintre qui, instruit dans toutes les parties des connaissances humaines, surtout en arithmétique et en géométrie, montra que sans le secours de ces sciences l'art ne pouvait atteindre la perfection (4). Il acquit, au dire du même

----

(1) « Lavoro cosi minutamente che e la volta e le mura paiono » piuttosto cosa miniata che dipinta. » (Vasari, *Vita di Andrea Mantegna*.)

(2) De l'Imitation dans les beaux arts.

(3) « Ratione Pamphilus et Melanthius » (Quintil., l. XII. c. 10.)

(4) « Primus in pictura omnibus litteris eruditus, præcipue » arithmetice et geometrice, sine quibus negabat artem perfici » posse » (Plin., *Hist. nat.*, l. XXXV. c. 36.)

écrivain, une telle autorité, que d'abord à Sicyone, ensuite dans le reste de la Grèce, on se décida, à sa considération, à faire apprendre le dessin, avant toute autre chose, aux enfants libres, et à placer la peinture au premier rang des arts interdits aux esclaves, dont en effet on ne compte pas un seul nom parmi les peintres ni parmi les ciseleurs de l'antiquité (1). Déjà, par l'ascendant qu'Eupompe avait eu sur Lysippe, nous pouvons juger que la peinture commençait, chez les anciens, à prendre le pas sur la sculpture. Nous voyons, par les traits dont Pline a caractérisé Pamphile, que cet empire fut alors expressément dévolu à la peinture, non seulement sur la statuaire, mais sur tous les autres arts libéraux, sur l'architecture par exemple, et sur la musique même, qui, cependant, jouait un si grand rôle dans l'éducation des Grecs. Comme nous savons à quelle perfection les autres arts étaient parvenus à cette époque, nous pouvons juger aussi des progrès de celui qui mérita d'occuper le premier rang. Il est évident que l'homme qui produisit cette révolution dut déjà atteindre lui-même à une exécution parfaite. Aussi, lorsque nous voyons dans Pline que Pamphile peignit des batailles et Ulysse voguant au gré des flots, pouvons-nous être assurés qu'un homme aussi instruit, versé dans les mathématiques, sut donner aux groupes de ses combattans et aux vagues de la mer toute la profondeur de la perspective (2). Parmi les ouvrages des peintres antérieurs, on louait surtout des figures isolées; maintenant on commence à vanter de véritables compositions. Il faut remarquer aussi, sans en tirer encore les conséquences, que Pamphile est un des premiers artistes cités pour avoir fait usage de l'encaustique. Enfin ajoutons que, d'après un

(1) « Et hujus auctoritate effectum est Sicyone primum, deinde
» et in tota Græcia, ut pueri ingenui ante omnia diagraphicen,
» hoc est, picturam in buxo docerentur, recipereturque ars ea
» in primum gradum liberalium. Semper quidem honos ei fuit,
» ut ingenui eam exercerent, mox ut honesti, perpetuo interdicto
» ne servitia docerentur. Ideo neque in hac, neque in toreutice
» ullius qui servierit opera celebrantur. » Ibid.)

(2) « Pamphili pictura est et prælium ad Phliuntem, et victoria
» Atheniensium, item Ulysses in rate » Ibid.

passage de Plutarque dont nous nous servirons tout-à-l'heure, il est certain que Pamphile, contemporain d'Aristide, vécut à l'époque d'Epaminondas et vers le commencement du long règne de Philippe.

Si on cherche quel est le maître savant qui, chez les Italiens, a occupé la place de Pamphile, on voit encore que Léonard de Vinci, déjà comparé à Aristide pour l'expression, doit l'être au contemporain d'Aristide pour l'étendue et pour l'autorité de la doctrine. Le Vinci s'est, en effet, rendu célèbre par l'universalité de ses connaissances, par l'étude des mathématiques, par cette puissance magistrale qui non seulement a trouvé la perfection de l'art, mais qui a su l'enseigner aussi, et la transmettre. Il ne forma pas seulement à Florence les artistes qui s'y élevaient alors en foule, et ceux qui venaient y étudier de toutes parts ; il fit aussi des disciples nombreux et illustres dans tout le nord de l'Italie, où sa tradition fut continuée, sinon avec plus d'éclat, du moins avec plus d'ensemble et de suite. Il apprit à ces élèves, répandus dans toutes les contrées de la péninsule, à peindre la vie même, le mouvement, la nature animée ; à faire concourir à cette représentation toutes les parties de l'art, le dessin le plus exquis, le coloris le plus beau, le caractère, l'expression ; à faire dominer par-dessus tout la raison dont il était, comme Pamphile, éminemment doué, et qui l'a fait surnommer le peintre philosophe. Il éleva si bien la peinture au premier rang, qu'une noble émulation mit le pinceau aux mains de Michel-Ange, qui croyait ne plus assez marquer dans son siècle en lui montrant des statues rivales de celles des anciens (1). C'est Léonard qui a fait de l'art tout ce qu'il pouvait devenir chez les modernes ; Pamphile a joué le même rôle chez les anciens, avec des facultés moins com-

____

(1) Quand on veut juger jusqu'où Michel-Ange a élevé la sculpture moderne, il faut voir le Moïse à Rome et les tombeaux des Médicis à Florence ; mais quand on veut connaître jusqu'à quel point il a lutté avec la sculpture antique, il faut considérer le Bacchus des Offices, et surtout l'Adonis mourant de Poggio Imperiale.

plètes, puisqu'il a laissé à son contemporain Aristide la gloire de développer l'expression.

Pamphile eut, à Sicyone, pour élève et pour héritier direct, Mélanthe, qui, suivant Quintilien, avait la haute raison de son maître, et qui est classé par Pline à côté d'Apelle parmi les peintres qui ont réuni toutes les parties de l'art. Au défaut de Pline, qui n'a cité aucun tableau de Mélanthe, nous apprenons, par un passage curieux de Plutarque, qu'assisté de toute l'école de Sicyone, et d'Apelle même qui la fréquentait alors, il avait fait le portrait du tyran de la ville, d'Aristrate, contemporain de Philippe. Cette image, qui sert à fixer l'époque du peintre, était si belle, que, quoiqu'elle représentât le tyran placé sur un char de triomphe et couronné par la Victoire, elle arrêta, au siècle suivant, la main d'Aratus, qui, après avoir renversé les tyrans de Sicyone, fit disparaître tous leurs portraits (1). Mélanthe n'excellait pas seulement dans son art, il en savait écrire les préceptes, comme nous le voyons par une phrase de Diogène Laërce. L'artiste, dans un de ses livres sur la peinture, avait dit, au rapport de l'historien de la philosophie antique, qu'il fallait savoir faire paraître dans l'art, comme dans la vie, une certaine confiance et une certaine rudesse (2). Il est fort probable que Mélanthe avait mis dans ses ouvrages ce qu'il recommandait dans ses écrits ; et comme il a passé pour un des peintres les plus sages de l'école de Sicyone, il est à croire déjà qu'elle aimait la hardiesse du pinceau et la vigueur des tons.

Il faut rapprocher de Mélanthe, disciple de Pamphile, le principal élève de Léonard de Vinci. Mais comme le Vinci a eu, en quelque sorte, deux écoles, l'une à Milan, l'autre à Florence, il suit que nous pouvons opposer deux noms à celui de Mélanthe. On sait jusqu'à quel point les tableaux de Bernardino Luini ressemblent à ceux de Léonard. Si Luini reçut les premières leçons d'un autre

(1) Plutarque, *Vie d'Aratus.*

(2) Μελάνθιος ὁ ζωγράφος ἐν τοῖς περὶ ζωγραφικῆς φησι δεῖν αὐθά-δειαν τινὰ καὶ σκληρότητα τοῖς ἔργοις ἐπιτρέχειν, ὁμοίως τέ καν τοῖς ἤθεσιν. (Apud Laertium, lib. IV *de Vitis philosophorum,* in Polemone.)

maître, s'il acheva de se former à Rome par l'étude de Raphaël, il n'en est pas moins certain qu'il a pris l'empreinte du grand fondateur de l'école de Milan, au point de pouvoir être quelquefois confondu avec lui. Mais plus encore que ses tableaux, les fresques dont il avait orné sa patrie, et qui ont été religieusement transportées au musée de Bréra, montrent si on peut le placer parmi les peintres choisis de l'Italie, comme Méla the était compté parmi les six ou sept grands artistes de la belle époque grecque. Cependant, à la différence du Sicyénien, qui nous a parlé lui même de sa hardiesse et de sa force, le Milanais n'a ordinairement à nous offrir qu'une douceur spirituelle et qu'une grâce toute harmonieuse. On retrouve des tons plus vigoureux et aussi d'autres analogies plus heureuses dans le grand disciple que les ouvrages de Léonard de Vinci formèrent à Florence, et qui fut son plus digne continuateur; je veux parler de Bartolommeo Baccio, si connu sous le nom de fra Bartolommeo, depuis qu'il suivit Savonarole au couvent de Saint Marc, et dont Vasari a dit expressément que l'étude passionnée des ouvrages de Léonard lui apprit à ajouter au dessin le charme du coloris (1). Ce peintre admirable dont il faudrait se condamner à ne point parler quand on n'a point vu les chefs-d'œuvre que le palais Pitti lui doit, se montre là, surtout dans la *Déposition du Christ*, et dans la *Résurrection*, à la fois élégant et grandiose, harmonieux par l'accord parfait des parties de l'art et par le mélange habile des couleurs; il transforma avec lui, par les mêmes exemples, son ami Mariotti Albertinelli, qui atteignit à cette perfection dans la belle *Visitation* conservée à la galerie des Offices de Florence. Lorsque ces deux artistes fraternels arrivent à leur plus haut point, il leur manque encore, pour ressembler à Léonard, la véhémence du créateur et son expression; mais ils en rappellent, avec une austérité tou-

(1) « Comenerò a studiare con grande affezione le cose di
« Leonardo da Vinci, e in poco tempo fece tal frutto e tal pro-
« gresso nel colorito, che s'acquistò reputazione e credito d'uno
« de' miglior giovani dell' arte sì nel colorito, come nel disegno »
(Vasari, *Vita di F. Bartolommeo di S. Marco*.

jours particulière à l'école de Florence, tout à la fois les proportions si nobles, le coloris si savamment fondu, la science si heureusement animée. Fra Bartolommeo alla même plus loin : quand il eut vu à Rome les ouvrages de Michel-Ange, il montra dans son S. Marc cette rudesse hardie que nous notions tout-à-l'heure dans Mélanthe. Il offrit avec celui-ci une autre ressemblance, en comptant parmi ses amis et, il faut bien le dire, parmi ses élèves, Raphaël, l'Apelle des modernes. Il est vrai que fra Bartolommeo apprit de Raphaël à composer ses tableaux, et qu'Apelle avouait, au contraire, que Mélanthe le surpassait dans cet art (1).

Ici se place, à cause de l'analogie qu'il présente avec un illustre imitateur de Léonard de Vinci, un peintre grec que Cicéron a deux fois loué comme accompli en le mettant au rang d'Apelle, et qui cependant est demeuré presque entièrement obscur pour les modernes. Le nom même de cet artiste est un problème, et l'on peut se demander s'il faut l'appeler Ἀετίων avec Lucien, ou Echiou avec Pline. Les éditeurs de Cicéron ont écrit tour à tour des deux manières ce nom, sur lequel la prononciation a pu tromper les Latins, et pour lequel il semble préférable d'adopter l'orthographe grecque. Ælion est placé aussitôt après Pamphile, immédiatement avant Apelle, par Pline, qui ne nous a rien appris ni sur son origine ni sur son école, mais qui, par le rang même qu'il lui a donné, semble le mettre au nombre des disciples ou au moins des imitateurs de Pamphile. L'écrivain latin cite, parmi les ouvrages qu'il lui attribue, la Nouvelle épousée, remarquable par sa pudeur, qui devait surtout se produire dans un coloris délicat, et la Vieille, portant devant elle une lampe qui devait évidemment jeter des reflets piquans sur son visage (2). Ces indications s'accordent bien avec les éloges de Cicéron, qui, dans les deux passages que nous avons déjà plusieurs fois employés, donne clairement à entendre

(1) « Melanthio de dispositione cedebat Apelles. » (Plin., *Hist. nat.*, l. XXXV, c. 36.)

(2) « Atus lampadas præferens, et nova recepta verecundia « notabilis. » Plin., *Hist. nat.*, l. XXXV, c. 36.

que Ætion a atteint la perfection par l'union de la couleur et du dessin. Lucien fait connaître cet artiste plus longuement et par d'autres traits. Lorsqu'il veut se représenter une image d'une beauté parfaite, après avoir supposé que Polygnote en a peint les sourcils, les joues et les draperies, et Apelle le corps, il demande que Ætion en dessine les lèvres, à l'exemple de celles qu'il a données à Roxane (1). Ailleurs, il nous apprend avec les plus grands détails quel était ce tableau des noces d'Alexandre et de Roxane, où l'on voyait la fille de l'Asie baissant les yeux auprès du lit richement orné, le héros lui offrant la couronne, Hephæstion, appuyé sur l'Hymen et tenant la torche, emblème du ministère qu'il remplissait dans le mariage; enfin, autour d'eux, des amours souriants qui enlevaient le bandeau et les sandales de l'épousée, qui entraînaient l'époux, qui jouaient avec ses armes, l'un accablé par le poids de sa lance, un autre en embuscade dans sa cuirasse, un autre encore traîné sur son bouclier comme sur un char de triomphe. Ce tableau, vu par Lucien en Italie, avait eu un tel succès à Olympie, où il avait été exposé, que le juge du concours avait voulu donner sa fille au peintre, quoique étranger à sa ville (2). Il est à croire que la torche d'Hephæstion servait à produire dans cette scène des effets de lumière comme ceux que Pline indique en citant le tableau de la Vieille portant une lampe; je croirais aussi volontiers que Pline désigne ces noces de Roxane, lorsqu'il parle de la Nouvelle épousée; et en ajoutant ce qu'il dit de sa pudeur avec ce que Lucien nous apprend de ses lèvres, on peut conclure que le peintre lui avait donné un de ces sourires tout à la fois chastes et voluptueux dont les modernes ont eu de si beaux exemples.

Le Corrége aura en commun avec Ætion jusqu'à l'obscurité de sa biographie. Si on ignore ses maîtres, on est convaincu du moins qu'il avait plus appris dans les œuvres de Léonard de Vinci, le grand initiateur de la Lombardie, que

1) Τὰ χείλη δέ, οἷα Ῥωξάνης, ὁ Αετίων ποιησάτω. (Luci. *Imagines.*

2) Lucien. *Herodotus* vel Ætio.

dans toutes les écoles qu'il avait pu fréquenter (1). Comme Ætion semble toujours opposé à Apelle par Cicéron, le Corrége est aussi le rival que tout un siècle a donné, non sans un grand fonds de raison, à Raphaël. L'un des plus fameux tableaux du peintre de Parme, cette Nuit de la Nativité, qui est considérée comme le miracle de la galerie de Dresde, doit sa grande réputation à la distribution de la lumière jetée par le corps même de l'enfant divin sur toutes les figures, avec cette grâce piquante que l'antiquité louait dans l'une des peintures d'Ætion. Le Corrége a donné à presque toutes ses femmes, mais plus particulièrement à la Madeleine du Saint-Jérôme de Parme, ces lèvres inimitables que Lucien admirait dans la Roxane. Quoiqu'il semble qu'aucun peuple n'ait dû mieux que les Grecs faire sourire les amours, je doute que ceux qu'on voyait dans les noces d'Alexandre pussent soutenir la comparaison avec ceux que maestro Antonio Allegri (2) a peints dans la belle *Danaë* de la galerie Borghèse, et sur les voûtes de l'appartement abbatial des religieuses de Saint-Paul de Parme. Je trouve que Ætion fut surtout loué par les anciens pour son beau coloris, et je vois dans Lucien qu'il n'était pas moins renommé pour le sourire de ses lèvres; je n'oserais penser cependant qu'il fut dans ces parties l'égal du Corrége; je ne crois pas surtout qu'après avoir rivalisé pour la grâce, il fut encore assez puissant pour lutter d'énergie et de grandeur avec le Lombard, qui, dans la coupole et dans l'apside de Saint-Jean de Parme, a prouvé qu'il ne redoutait pas plus la comparaison de Michel-Ange que celle de Raphaël (3).

Pamphile, le grand rénovateur des écoles du Péloponèse,

(1) Voyez l'opinion de Raphaël Mengs citée par Tiraboschi, qui a consacré un savant article au Corrége dans ses *Notizie de' pittori estensi*, Modène, 1786.

(2) Le Corrége avait aussi traduit son nom en latin, et signait volontiers Antonio *Lieto* da Correggio; on n'a jamais remarqué la singulière concordance de ce nom avec ce que ses œuvres respirent en effet de gai et d'allègre

(3) « *Questa sono ig n.l. e in uno stile e grandioso*, dice il » Mengs, *che sorpassa ogni imaginazione e nondimeno le forme* » *sono belissime, e aggiunge, che esse sembrano indicare, che il*

eut un élève direct et non moins célèbre dans Pausias. Cet artiste, qui passa sa vie à Sicyone, était fils d'un peintre nommé Briètès, dont il avait reçu les premières leçons. Il dut être l'un des derniers élèves de Pamphile, autant qu'on en peut juger par les inventions qui lui sont attribuées, et qui semblent postérieures à la plupart d'entre eux. Selon Pline, il fut le premier qui peignit les lambris (1). Si l'on s'en rapporte à la première expression de l'écrivain latin, c'est dans les caissons d'un plafond en bois que l'artiste faisait ces peintures ; mais si l'on regarde à une seconde expression, ajoutée à la première, on voit que Pausias a pu peindre tout aussi bien une voûte véritable. Vitruve, en décrivant tout l'appareil des voûtes, prouve assez que les Grecs employaient fréquemment cette sorte de construction, lorsqu'il les cite comme excellant à y porter à la fois la solidité et l'élégance (2). Mais Pline ayant écrit que Pausias avait fait de petits tableaux sur lesquels il se plaisait particulièrement à peindre des enfans, on a abusé récemment de cette confidence pour soutenir que l'invention attribuée à l'artiste de Sicyone avait dû se borner à encastrer ces petites planches peintes dans les caissons des plafonds (3). Il fallait prendre garde qu'au rapport de Pline, Pausias avait peint aussi, après Polygnote, les murailles de Thespies, et que s'il avait échoué en cherchant à prendre le style de ce grand homme (4), il n'en était pas

« Correggio studiasse le opere di Michelagnolo. » (Tiraboschi, *Notizie de' pittori*, etc., p. 48.)

(1) « Idem et *lacunaria* primus pingere instituit : nec *cameras* » ante eum tabiter adornari mos fuit. » (Plin., *Hist. nat.*, l. XXXV, c. 40.) Voyez pour l'explication des deux termes, les Commentaires de Daniel Barbaro sur Vitruve ; Venise, 1567.

(2) Vitruve, *de Architect.*, l. VII, c. 3 de camerarum dispositione : « Graecorum vero tectores non solium his rationibus » utendo faciunt opera firma, sed, etc. »

(3) M. Raoul Rochette, *De la Peinture chez les Grecs et chez les Romains*, p. 138.

(4) « Pinxit et ipse penicillo parietes Thespis, quum reficerentur » quondam a Polygnoto picti : multumque comparatione superatus » existimabatur, quoniam non suo genere certasset. » (Plin., *Hist. nat.*, l. XXXV, c. 40.

moins signalé pour avoir exécuté avec beaucoup de succès
de très grands tableaux, où il avait encore fait d'autres inventions qui prouvent, comme nous l'allons voir, à quel
point il avait poussé la science des raccourcis (1). En s'appuyant sur cette dernière partie de la notice consacrée par
Pline à Pausias, on peut conjecturer avec vraisemblance,
contre l'opinion reçue, non seulement que le peintre de
Sicyone avait en effet décoré des voûtes, mais encore qu'il
y avait pratiqué cet art difficile d'y mettre les figures en
perspective, que les modernes ont appelé l'art de plafonner.

L'un des grands tableaux que Pausias avait composés,
exposé à Rome sous le portique de Pompée, représentait
un sacrifice de bœufs. Ce sujet, que l'artiste avait été le
premier à traiter, constitua, après lui, tout un genre de
représentations où les Grecs, guidés par leur religion,
divinisèrent la nature animale, mais où aucun de ceux
qui suivirent Pausias ne l'égala (2). Voici par quel artifice,
il y étonna l'antiquité : il se proposa de faire voir toute la
longueur du bœuf sacrifié, et cependant au lieu de le peindre de côté, il le présenta de face (3). Ce n'était pas encore
assez pour lui d'avoir réussi à rendre ce raccourci par des
lignes savantes ; il voulut ajouter aux difficultés du dessin,
celles de la couleur. Ordinairement quand on voulait montrer qu'un objet était en saillie, on le peignait de couleurs
claires, et on le faisait ressortir en l'entourant de couleurs
noires. Mais Pausias peignit son bœuf tout noir ; il fit ainsi
un corps de l'ombre même, par laquelle, artiste souve-
rainement habile, il sut représenter, avec une solidité égale,
les parties planes et celles qui fuyaient (4). On voit, par

(1) « Pausias autem fecit et grandes tabulas... » Plin., *Hist.
nat.*, l. XXXV, c. 40.)

(2) « Sicut spectatam in Pompeii porticibus boum immolatio-
» nem. Eam enim picturam primus invenit, quam postea imitati
» sunt multi, æquavit nemo. » (Ibid.)

(3) « *Ante omnia* quum longitudinem bovis ostendere vellet,
» adversum eum pinxit, non transversum : et abunde intelligitur
» amplitudo. » (Ibid.)

(4) « Dein quum omnes, quæ volunt eminentia videri, candi-
» cantia faciant, coloremque condant nigro : hic totum bovem

ce témoignage précieux de Pline, que Pausias possédait deux talens bien différens du peintre consommé, celui des raccourcis les plus hardis, celui de ces ombres lumineuses que les modernes ont tant estimées sous le nom de clair-obscur. On en peut tirer même cette autre indication plus forte, c'est que l'artiste de Sicyone affectait les teintes noires, et que, dans sa pâte foncée, il trouvait un plaisir d'autant plus piquant à faire reparaitre les nuances du jour. Si on ne pousse pas jusque là le sens des expressions de Pline, on ne l'épuise pas. On accorde très bien cette conséquence avec la conjecture que j'ai faite sur la statue du musée du Capitole, où j'ai cru retrouver une imitation de l'Ivresse peinte par Pausias (1). Pausanias, dont j'ai déjà cité le texte, dit positivement que cette Ivresse était représentée par une femme buvant à une bouteille de verre, et qu'à travers le verre transparent on apercevait le visage de la femme. Comme la statue du Capitole semble boire de même à une bouteille qui lui couvre presque tout le visage, j'ai pensé qu'on pouvait augurer que la figure de Pausias représentait également, comme celle-ci, une vieille femme (2). Quelle apparence d'ailleurs que les Grecs, si exacts dans la représentation des mœurs, aient jamais peint l'Ivresse sous les traits d'une jeune femme? Mais pour peindre une vieille physionomie, et surtout pour aimer à la peindre, et à en faire un ouvrage digne d'être compté parmi les chefs-d'œuvre, il faut avoir à sa disposition, non pas ces couleurs claires et plates que les Grecs employaient encore du temps d'Apollodore et de Zeuxis,

atri coloris fecit, *umbræque corpus ex ipso dedit,* magna prorsus arte in æquo exstantia ostendens, et in confracto solida ostendia. » (Ibid. Sur ce passage, l'un des plus importans du livre XXXV, le comte de Caylus a fait un contresens qu'on peut voir à la page 179 de la deuxième partie du t. XXV des Mémoires de l'Académie des inscriptions et belles lettres. Le P. de La Nauze en a fait encore un autre sur le même texte, page 248 du même volume.

(1) Voy. ci-dessus, § 8, Comparaison des Grecs et des Italiens.

(2) Michel-Ange semble avoir rendu cette statue à la peinture en modelant sur elle ces trois Parques terribles qui sont un des beaux ornemens du palais Pitti.

mais des couleurs très mêlées, très chargées, telles en
un mot que Pausias devait les avoir pour peindre les raccourcis de son bœuf si loué. Le soin avec lequel il peignait (1), et qui lui était reproché par ses rivaux, nous
montre un homme qui n'a dû épargner ni la peine ni les
essais pour atteindre la perfection de son art. Si, sur ce que
Pline dit, que dans ses petites compositions il représentait
surtout des enfans, on voulait prétendre qu'il devait absolument avoir des carnations roses et tendres, il serait facile de répondre que, pour peindre ses petits mendians,
Murillo n'a pas usé de ces couleurs délicates dans un pays
qui certainement n'avait pas plus de soleil, ni peut-être
plus de fainéans que l'ancienne Grèce. On peut insister
sur cette comparaison, parce qu'on voit, par un passage
de Pline où les traducteurs semblent s'être trompés, que
Pausias avait eu des commencemens difficiles, et avait d'a-
bord vécu parmi les pauvres. Jeune homme, il avait aimé
Glycère, la belle faiseuse de couronnes, qui, en tressant ses
fleurs, gagnait de quoi nourrir son amant; plus tard, lorsqu'il fut devenu un homme célèbre, il reconnut les bienfaits de Glycère, en la peignant assise et couronnée de ces
fleurs qu'il avait appris à imiter parfaitement (2). C'était
un des tableaux les plus célèbres de l'antiquité : une simple
copie en avait été payée deux talens, à Athènes, par Lucullus. Cette parfaite imitation des fleurs prouvera aux
personnes qui savent qu'elle s'est produite la dernière dans
l'histoire de l'art moderne, combien devait être perfectionné
le coloris de Pausias.

Mais cet artiste si important était encore remarquable

(1) « Parvas pingebat tabellas, maximeque pueros. Hoc æmuli
» cum interpretabantur facere, quoniam tarda pictura ratio esset
» illa. » (Plin., *Hist. nat.*, l. XXXV, c. 40.)

(2) « Amavit *in juventa* Glyceram, municipem suam, inventricem
» coronarum, certandoque imitatione ejus, ad numerosissimam
» florum varietatem perduxit artem illam. *Postremo* pinxit ipsam
» sedentem cum corona, quæ e nobilissimis tabula appellata est
» Stephaneplocos, ab aliis Stephanopolis, quoniam Glycera ven-
» ditando coronas sustentaverat paupertatem. Hujus tabulæ
» exemplar, quod apographon vocant, L. Lucullus duobus talentis
» emit dionysii Athenis. » (Ibid.)

chez les anciens par un caractère que Pline a signalé en
commençant son article, et qui résume, à mon sens, tous
les autres. Il était cité comme le premier qui se fût rendu
fameux en peignant à l'encaustique. Selon le récit de
l'écrivain latin, il avait appris ce genre de peinture de
Pamphile, qui l'avait pratiqué lui-même, et qui avait dû le
transmettre à plusieurs de ses disciples (1). J'ai déjà observé
qu'Aristide le Thébain, qui tenait aussi par son origine aux
races et sans doute aux écoles du Péloponèse, contemporain de Pamphile, avait été regardé comme ayant usé du
procédé de l'encaustique (2). Pline, qui en attribue l'invention au Thébain, dit que le perfectionnement en fut
dû au sculpteur Polyclète, qui paraît avoir fleuri un peu
après Lysippe, vers l'époque de la mort d'Alexandre; mais
il ajoute aussi qu'un peu avant eux, l'encaustique avait été
pratiquée par Polygnote, par Nicanor et par Arcésilas,
peintres de l'île de Paros, sans indiquer si ce Polygnote
même était aussi de Paros et différent du grand Polygnote
de Thasos (3). Il semble cependant que s'il avait voulu
parler de celui-ci, il ne l'aurait pas dit seulement un peu
antérieur à Aristide, qui avait paru plus d'un siècle après
lui. Une difficulté nouvelle se présente à propos des noms de
Nicanor et d'Arcésilas, dont le premier ne se trouve point
ailleurs, dont le second, connu de Pausanias, est donné
par lui à un peintre qui aurait représenté, au Pirée, le
fameux général Léosthène, opposé par les Athéniens à
Antipater, successeur d'Alexandre (4). Comment donc un
artiste qui vivait nécessairement après la mort d'Alexandre
pouvait-il avoir précédé dans la peinture à l'encaustique
Aristide, qui florissait avant la naissance du héros? Au milieu de ces contradictions, dont Pline s'est montré trop peu
avare, il faut s'en tenir à ce qui seul demeure clair dans

(1) « Pamphilus quoque Apellis præceptor non pinxit tantum
» encausta, sed etiam docuisse traditur Pausiam Sicyonicum, *pri-
» mum in hoc genere nobilem.* » (Ibid.)
(2) Voy. plus haut l'article d'Aristide.
(3) « Sed *aliquanto* vetustiores encausticæ picturæ exstitere,
ut Polygnoti, et Nicanoris et Arcesilaï pariorum. » (Ibid.)
(4) Pausanias, *Attique,* c. 1.

son récit, à savoir, que c'est à Sicyone que l'encaustique commença à devenir un procédé usuel et illustre. En parlant des méthodes et en les comparant, nous avons montré que celle-ci, consistant moins encore à brûler les peintures pour les préserver de l'humidité, qu'à y mêler les cires pour leur donner de la force et du corps, était particulièrement propre à offrir une image brillante de la réalité. Après l'avoir vu pratiquer à Munich, où elle est redevenue florissante, on peut demeurer convaincu qu'elle devait être exactement, pour les anciens, ce que la peinture à l'huile est devenue pour les modernes. Elle fournit une pâte solide, que le peintre charge, retouche et fait étinceler selon son plaisir. C'est elle évidemment qui a dû donner des tons à la fois noirs et brillans, des nuances tour à tour fortes dans le sacrifice des bœufs, et coquettes dans les tableaux de fleurs, à Pausias qui, par elle, a achevé, après Pamphile, de faire de l'école de Sicyone l'école de l'imitation par la couleur.

Comme ce sont les races du nord de la Grèce qui ont développé le coloris chez les anciens, ce sont aussi les habitans du nord de l'Italie qui en ont été chargés chez les modernes. La peinture à l'huile, dont il y a de lointaines traces dans le moyen-âge, et qui peut-être même était le secret de quelques artistes chez les anciens, perfectionnée, au commencement du quinzième siècle, en Flandre, par les frères Van Eyck, répandue en Italie et par les Flamands qui la parcouraient pendant ce siècle, et par les Italiens qui, comme Antonello de Messine, allaient l'étudier dans les Pays-Bas, enseignée d'abord publiquement à Venise par Antonello, apportée ensuite à Florence par le Vénitien Domenico, que le Castagno assassina, popularisée malgré le crime qui avait voulu la tenir cachée, trouva dans Léonard de Vinci un de ses plus admirables propagateurs. Par elle, par la force et par le jeu de ses pâtes, ce grand homme donna aux ombres et aux lumières une solidité et un éclat inconnus avant lui; il transmit ainsi un art vraiment nouveau à quelques grands Florentins, parmi lesquels nous avons déjà signalé fra Bartolommeo; mais il le répandit surtout dans le nord de l'Italie, d'où il en avait tiré les principes. C'est lui, on n'en saurait plus douter, qui en révéla la perfection à l'école des Bellini, qui en avait la première reçu les élémens. De la même manière Pamphile, après avoir passé des Athéniens aux Sicyoniens, avait établi dans le Péloponèse tout ensemble la méthode de l'encaustique et l'école de la couleur.

Si Pausias, qui a le mieux développé les découvertes de ce grand maître, avait, en effet, connu l'art de peindre dans les voûtes des raccourcis appropriés à leur perspective, il ne saurait être comparé qu'au Corrége, qui apprit aux modernes l'art de plafonner. Mais pour ne point forcer la signification d'un mot que Pline a bien pu n'appliquer aux constructions de la Grèce que par une extension trop grande des usages de Rome, il faut chercher les analogies naturelles de Pausias dans l'artiste qui, par son coloris puissant, a achevé de déterminer le caractère de l'école de Venise. Ces ombres devenues des corps, dont Pline, par une expression vraiment admirable, fait honneur à l'artiste de Sicyone, c'est le Giorgione qui les a montrées aux Italiens dans toute leur beauté ; par son empâtement chargé des teintes les plus sombres, il donna une nouvelle direction à l'art, et se fit considérer comme inventeur. Mais, d'après Vasari lui-même, qui avait appris de la bouche du Titien les secrets de l'école de Venise, Giorgione avait vu des peintures que Léonard de Vinci avait *beaucoup enfumées et poussées terriblement au noir;* et il fut tellement frappé de l'effet de ces tons obscurs et vigoureux, qu'il se proposa pendant toute sa vie de les imiter, et qu'il en fit la base de ses peintures à l'huile (1). Aussi est-ce aujourd'hui une opinion admise en Italie, que Léonard fut le véritable maître du Giorgione (2), comme nous sommes assurés que Pamphile l'était de Pausias; et attendu que la force de l'empâtement qui dérive de l'appli-

---

(1) « Vedute Giorgione alcune cose di mano di Leonardo molto » fummegiate e cacciate terribilmente di scuro, questa maniera » gli piacque tanto, che mentre visse, sempre andò dietro a » quella, e nel colorire a olio la imitò grandemente. » (Vasari, *Vita di Giorgione.*)

(2) Rosini, *Storia della pittura italiana.*

cation de l'huile aux couleurs, et qui en est la perfection naturelle, peut être confondue avec elle, il est permis de dire, d'une certaine manière, que Léonard connut le premier l'art de peindre à l'huile, et que Giorgione, après lui, le rendit plus illustre encore, comme Pline nous raconte que Pamphile enseigna l'encaustique à Pausias, qui, le premier, montra jusqu'où cette méthode pouvait aller. A ces ressemblances principales s'en ajoutent d'accidentelles : si le peintre de Sicyone devint fameux en décorant, dans l'intérieur des maisons grecques, soit les caissons des plafonds, soit les voûtes, le peintre de Venise se signala en peignant, à l'extérieur des maisons italiennes, ces fresques des façades, où il commença à trouver un rival dans le Titien. Il eut même sa Glycère qu'il peignit plus d'une fois ; et certainement lord Byron, qui allait si souvent admirer cette belle joueuse de guitare de la galerie Manfrin, aurait été aussi généreux pour elle que Lucullus pour la tresseuse de couronnes. Si Giorgione ne représenta ni des animaux ni des fleurs, c'est qu'il n'y était porté ni par les cérémonies de sa religion, ni par la nature du pays qu'il habitait. Il est cependant à noter que parmi les grandes écoles italiennes, celle de Venise est la seule qui ait admis les animaux dans les représentations les plus sérieuses, comme on peut le voir par les chiens qui marquent les tableaux de Paul Véronèse et qui remplissent ceux du Bassan.

Pausias eut pour élève Aristolaüs, dont Pline dit que ce fut un des peintres les plus sévères de l'antiquité ; on pourrait bien prendre cette sévérité comme une qualité toute morale, si Aristolaüs n'avait peint que les figures d'Epaminondas, de Périclès, de Thésée, du Courage ; mais comme il représenta aussi celle de Médée, souillée par tous les vices, et du peuple athénien, qui, depuis le temps de Parrhasius, ne devait pas avoir acquis beaucoup de vertus, il faut que son austérité se soit trouvée plus encore dans sa manière que dans ses pensées (1). Déjà, sa-

(1) « Pausiæ filius et discipulus Aristolaus e severissimis pictoribus fuit : cujus sunt, Epaminondas, Pericles. Medea. Virtus.

chant qu'il avait peint un sacrifice de bœufs, à l'exemple de son père, et imaginant bien qu'il avait dû y employer les mêmes artifices de pinceau, je serais tenté de conclure que c'était par les ombres fortes du coloris paternel, et non par la rigueur du dessin, qu'il avait mérité d'être rangé par Pline parmi les peintres les plus sévères. Il me semble donc qu'avec le comte de Caylus, on doit surtout entendre que cette sévérité consistait dans la fierté de la couleur. Comme l'époque du stoïcisme approchait, et comme au milieu de la corruption de la société grecque subsistait toujours ce grand idéal dorien qui allait inspirer Zénon, il faut croire que, sous l'influence des mêmes impressions, les peintres du Péloponèse s'étaient fait un mérite de ne parler aux yeux qu'un langage austère, comme leur dialecte, et qu'ils avaient assombri leur coloris avec une certaine intention morale. Cette fierté de la couleur que Pline appelle sévérité dans Aristolaüs, il l'appelle ailleurs dureté. Nous avons déjà remarqué qu'il avait reproché au Thébain Aristide, son premier propagateur peut-être, de l'avoir poussée un peu trop loin. En citant, après Aristolaüs, un autre disciple de Pausias, Mécophanes, l'historien nous montre bien qu'il ne faut pas entendre par cette dureté des tons criards ou secs, que les modernes appellent aussi indifféremment des tons durs; car il dit que ce Mécophanes était vanté pour un mérite compris seulement des artistes, qu'il s'était formé un coloris trop dur par l'emploi exagéré de l'ocre (1). Ceux qui savent que l'usage de l'ocre a donné au Titien et à Raphaël leurs belles ombres si douces dans leur vigueur, demeureront persuadés que, même en le forçant, on ne saurait jamais arriver à offenser le regard par la crudité; il est probable qu'en en faisant abus, Mécophane était tombé dans l'excès contraire, dans cette manie de l'obscurité que l'on ne saurait trop reprocher, par exemple, au Tintoret parmi les modernes. Ainsi s'expliquera

« Theseus, imago Atticæ plebis, boum immolatio. » (Plin., *Hist. nat.*, l. XXXV, c. 40.

(1) « Sunt quibus et Mecophanes ejusdem Pausiæ discipulus placeat diligentia, quam intelligant soli artifices, alias durus in coloribus, et sile multus » (Ibid.).

encore le passage où Pline parle de cet Athénion, dont
je crois qu'un tableau a été imité sur les murailles de Pompéi, et qui, s'il n'était mort bien jeune, aurait été le plus
grand des peintres. L'écrivain romain nous apprend que ce
jeune homme, né à Maronée (1), formé à l'école de Corinthe par Glaucion, avait une couleur austère, qu'il savait
plaire par cette austérité, et qu'ainsi par la manière même
de mêler et d'appliquer les couleurs il faisait briller tout
son mérite (2). L'austérité d'Athénion, la dureté d'Aristide et de Mécophanes, la sévérité d'Aristolaüs, sont donc
des expressions voisines, qui signifiaient chez les anciens
cette fierté de coloris à laquelle Pausias avait, pour ainsi
dire, attaché son nom en peignant, selon les paroles vives
de Pline, les corps par les ombres mêmes.

Si on cherchait parmi les modernes des parallèles aux
imitateurs de Pausias, on trouverait qu'Athénion, à ne
considérer que sa mort prématurée, rappellerait Giorgione
lui-même, et que le Titien pourrait être rapproché d'Aristolaüs pour la sévérité des tons et des airs mêmes, comme
déjà j'ai montré que le Tintoret a eu peut-être son devan-
cier dans Mécophanes. Mais il est temps de terminer cet
examen des écoles de la couleur par ce que Pline rapporte
en particulier des développemens que le coloris avait pris
dans les ateliers de l'antiquité. Ces renseignemens, em-
pruntés évidemment par le Latin aux auteurs grecs, achè-
veront d'éclaircir les difficiles questions que nous avons
essayé de résoudre.

Les anciens connaissaient deux espèces de couleurs. Ils

(1) C'est un bourg de l'Attique, ou une ville de Thrace.

(2) « Athenion Maron tes, Glaucionis Corinthi discipulus, et
» austerior colore, et in austerita e jucundior ut in ipsa pictura
» eruditio eluceat. » Plin, *Hist. nat.*, lib. XXXV, c. 40. Si le
comte de Caylus avait pris garde que quand nous disons d'un artiste qu'il fait de la belle peinture nous voulons louer son coloris,
il aurait compris que c'était par le pinceau ou, si l'on veut, par
la palette, et non par l'esprit et le savoir, qu'Athénion, *tout jeune
encore*, s'était rendu célèbre chez les anciens : « Quod nisi in
» *juventa* obiisset, nemo ei compararetur. » — Voy. la p. 209 de
la deuxième partie du t. XXV des Mémoires de l'Académie des
inscriptions et belles-lettres.

appelaient fleuries celles qui étaient fournies au peintre par
la personne qui le faisait travailler, parmi les rouges le
minium, le cinabre, le purpurissum, le jaune de la chry-
socolle, le vert d'Arménie, le bleu de l'Inde. Ils appelaient
austères, au contraire, toutes les autres couleurs, dont la
plupart étaient des ocres (1). Il résulte du témoignage
même de Pline que les couleurs fleuries étaient celles qui,
nouvelles, peu communes, chères, augmentaient le prix
du travail et, pour cette raison, ne demeuraient pas à la
charge du peintre. Les couleurs austères étaient donc moins
chères, plus ordinaires et plus anciennement connues.
Mais il faut faire une autre remarque sur la distinction que
Pline signale ; les termes mêmes en sont évidemment em-
pruntés des Grecs, chez qui ils étaient sacramentels. Denys
d'Halicarnasse, qui nous a fait les révélations les plus importantes sur le le goût des anciens, répète exactement,
pour distinguer les tons fondamentaux et opposés de l'art
hellénique, la même classification défigurée plus tard par
les naïvetés de la rhétorique moderne ; il appelle austère,
αὐστηρὰ, le style qu'on a ensuite nommé sublime, et qui
est l'expression nerveuse et simple du génie dorien ; il
appelle fleuri, ἀνθῶια, le style que nous avons eu la sotte
idée de nommer tempéré, et qui est l'expression élégante
et gracieuse du génie ionien (2). Lorsqu'on a appliqué à la
peinture ces termes consacrés, il est donc évident qu'on a
voulu désigner par eux autre chose que l'élévation ou la
bassesse du prix des couleurs. Les couleurs fleuries étaient
piquantes ; elles venaient de l'Asie, qui les employait de
préférence, comme nous l'avons entrevu par l'exemple de
Parrhasius. Les couleurs austères étaient fières, et, en cha-

(1) « Sunt autem colores austeri, aut floridi... Floridi sunt,
« quos dominus pingenti praestat, minium, armenium, cinnabaris,
« chrysocolla, indicum, purpurissum. Ceteri austeri. » (Plin.,
Hist. nat., l. XXXV, c. 12.)

(2) « *Tandem* se ars ipsa distinxit, et invenit lumen atque
« umbras, differentia colorum alterna vice sese excitante. » (Plin.,
Hist. nat., lib. XXXV, c. 11.) Cette première partie, peu difficile encore, du passage, a été mal traduite par le comte de Caylus,
page 163 de la deuxième partie du 25e vol. des Mémoires de
l'Académie des inscriptions et belles-lettres.

touillant moins le regard, pouvaient cependant l'étonner davantage; elles étaient naturelles à la Grèce, et leur plus savant usage fut fait par les écoles du Péloponèse, qui leur donnèrent toute leur beauté en leur donnant toute leur force.

Pline a un passage encore plus expressif, et qui, souvent débattu, montre à quel point les Grecs avaient porté la science du coloris. « L'art, selon ses expressions, long-» temps réduit à la monotonie des teintes plates, finit » par y substituer un principe de diversité; il trouva la » lumière et les ombres; il les exprima par la différence de » couleurs, que leur opposition même faisait valoir (1). Quand on fut arrivé à ce premier degré, qui, à ce qu'il semble, fut atteint par Apollodore, on en franchit un second. Dans cette nouvelle évolution de l'art, on parvint, au rapport de Pline « à produire une certaine splendeur, » c'est-à-dire une lumière générale, différente du jour lui-» même; et comme cette lumière factice tient entre le jour » et l'ombre, qui forment les deux extrémités de la gamme » des couleurs, les Grecs l'appelèrent *ton* (2). » Il est évi-dent que dans l'intervalle total de la gamme, on pouvait prendre autant d'intervalles moyens qu'on voulait, et qu'ainsi chaque artiste pouvait composer, soit un ton géné-ral qu'il répandait dans tous ses ouvrages, soit un ton par-ticulier qu'il donnait à chacun d'eux. Ces tons si divers, que Pline indique très bien en prononçant seulement le nom qui leur est commun, ne pouvaient être produits que par les mélanges des couleurs. Pline distingue deux mé-langes, celui qui se fait sur la palette par l'amalgame des couleurs, et qu'il nomme *commissuras*, celui qui se fait sur le tableau même par la fusion des couleurs placées l'une à côté de l'autre, et qu'il appelle *transitus*. Les

(1) « *Deinde* adjectus est splendor, alius hic quam lumen : » quia inter hæc et umbram esset, apellaverunt Tonon. » (Plin., ibid.). Le comte de Caylus et le père de la Nauze, qui ont bien entendu ce passage, le plus important peut-être de tous ceux du XXXV° livre de Pline, l'ont bien peu su rendre intelligible en le traduisant.

(2) Denys d'Halicarn., Traité de l'arrangement des mots.

Grecs avaient donné le nom d'*harmoge*, c'est-à-dire *accord*, à ce double art de la mixtion et des passages des couleurs (1). La musique des couleurs, que les modernes se sont vantés d'avoir seuls possédée, était donc connue des Grecs, qui en avaient su déjà composer la langue ; elle se révéla à eux dans toute sa force pendant l'époque qu'ouvrit Pamphile, et à Sicyone, dont, après Eupompe, il renouvela l'école.

Il serait inutile de montrer par de longs détails comment les Italiens reproduisirent peu à peu tous ces usages et toutes ces belles découvertes des Grecs. A Florence, les peintres étaient classés au moyen-âge dans la corporation des droguistes et des médecins, parce qu'ils tenaient, en effet, boutique ouverte, où les chalands venaient choisir les couleurs, payées, comme chez les anciens, indépendamment du prix de l'œuvre. Cependant ce ne fut pas avec les couleurs qui se vendaient le plus chèrement que se firent les plus beaux tableaux. Léonard, qui avait toujours de grandes idées en tête, ruina lui-même sa Cène de Milan et compromit plusieurs de ses ouvrages par des essais savans et par des mélanges inusités de substances : il ouvrait la voie ; même avec un génie moindre, on y réussit plus en se bornant davantage. Si Giorgione, Titien, fra Bartolommeo, Raphaël, apportèrent un grand soin à la préparation de leurs couleurs, ils les choisirent toutefois parmi les plus simples et les plus ordinaires. Leur coloris, en un mot, fut austère dans la force de l'expression grecque ; et cependant il offrit les modulations les plus savantes de ces *tons* et l'harmonie exquise de cet *accord* que les Grecs avaient nommés.

Rien ne me paraît manquer à ce parallélisme des écoles de la couleur chez les anciens et chez les modernes. Elles se ressemblent même par leur durée plus longue, et par la décadence qu'elles amènent dans les écoles fondées sur le dessin. Il suffira de traduire les paroles remarquables de Denys d'Halicarnasse : « Les anciennes peintures, traitées

---

(1) « Commissuras vero colorum et transitus, harmogen. » (Plin., ibid.)

» par les couleurs les plus simplement distribuées, ne font
» parade ni de la variété ni de l'éclat de leurs mélanges;
» mais elles sont irréprochables sous le rapport du dessin,
» où règne une grâce parfaite. Au contraire, celles qui
» sont venues ensuite, beaucoup moins bien dessinées,
» beaucoup plus consommées cependant, reçoivent une
» variété piquante du jeu de l'ombre et de la lumière, et
» placent tout leur mérite dans la puissance et dans la
force des mélanges (1). » Cette critique même ne marque-t-
elle pas mieux que tous les éloges à quelle perfection le
coloris avait dû être porté chez les anciens? Mais est-il
besoin aussi d'y rien changer pour qu'elle puisse s'appliquer exactement aux modernes? N'indique-t-elle pas d'une
manière également précise et la substitution du style sicyonien à l'attique, et celle de l'école de Venise à l'école de
Florence? Voilà où conduisait nécessairement l'exacte imitation de la nature.

(1) Ἀρχαῖαι γραφαὶ, χρώμασιν εἰργασμέναι ἁπλῶς, καὶ οὐδεμίαν
ἐν τοῖς μίγμασιν ἔχουσαι ποικιλίαν, ἀκριβεῖς καὶ ταῖς γραμμαῖς, καὶ
πολὺ τὸ χάριεν ἐν ταύταις ἔχουσαι· αἱ τε μετ' ἐκείνας, εὔγραμμαι
μὲν ἧττον, ἐξειργασμέναι τε μᾶλλον· σκιᾷ τε καὶ φωτὶ ποικιλλόμεναι,
καὶ ἐν τῷ τῶν μιγμάτων πλήθει τὴν ἰσχὺν ἔχουσαι. (Dionys. Halic.
in *Iseo.*).

CHAPITRE DIX-SEPTIÈME.

Troisième époque.

Écoles de l'imitation savante.

Cependant l'école d'Athènes et celle de Florence jouent encore un rôle important dans cette troisième époque, qui vient terminer leurs prospérités, en faisant fleurir la couleur à la place du dessin. Toutes deux elles sont fidèles à leur génie, en s'associant aux progrès accomplis par d'autres écoles. Asclépiodore, sur lequel nous avons malheureusement peu de détails, et que Plutarque cite parmi les Athéniens célèbres, vivait pendant les règnes de Philippe et d'Alexandre, au temps d'Apelle, qui, suivant Pline, admirait la beauté de ses proportions, de son ordonnance, de ses perspectives (1). C'est bien là, en effet, le caractère auquel on peut reconnaître un disciple de cette école d'Athènes qui, tout en s'approchant de la nature, en marquait l'imitation au coin de son goût élégant et élevé. Mais si Apelle s'avouait inférieur à l'Athénien dans ces parties essentielles de l'art, on peut assurer que Raphaël les apprit dans les ouvrages d'un Florentin dont il compta le fils parmi ses amis. Domenico Ghirlandajo, qui fut le maître direct de Michel-Ange, a été moins imité par lui que par le peintre d'Urbin. Dans la première époque de sa vie, en peignant sur les murs de la chapelle Sassetti, de l'église de la Trinité, l'histoire de S. François, Domenico avait fait de ces miracles de vérité et de naturel sur

(1) « Eadem aetate fuit Asclepiodorus, quem in symmetria mi-
» rabatur Apelles... — Asclepiodoro de mensuris cedebat, hoc
» est, quanto quid a quo distare deberet. » (Plin., *Hist. nat.*,
l. XXXV, c. 36.)

lesquels les Grecs auraient composé de plus beaux contes
que ceux des luttes de Zeuxis et de Parrhasius (1). Mais
plus tard, lorsqu'il traça l'histoire de la Vierge et celle de
S. Jean-Baptiste dans le chœur de Santa-Maria-Novella,
sans cesser d'être vrai, il montra une noblesse d'attitudes,
une élégance de proportions, une beauté de perspective et
d'ordonnance qu'il prodiguait avec une libéralité tout-à-
fait magnifique. C'est en étudiant ces pages admirables que
Raphaël apprit à composer. Le beau portique qu'il représente dans l'*Ecole d'Athènes*, et auquel il ne revint plus,
n'est qu'une imitation des grands monumens que Domenico figura avec autant de variété que de majesté dans ces
fresques, où il ouvrit tour à tour aux regards étonnés les
portiques, les sanctuaires, les habitations privées, les lon-
gues avenues des villes, répandant partout à profusion
les formes les plus nobles de l'architecture. Auprès de ces
savantes images, le temple que Raphaël a peint dans le
Châtiment d'Héliodore paraît singulièrement nu (2), et
les perspectives qu'il a ménagées dans l'*Incendie du Borgo*
semblent trop mêlées et trop vulgaires (3). Paul Véronèse

(1) Là se trouve cet évêque dont Vasari a dit que c'est seulement à ne pas entendre sa voix qu'on juge que c'est une peinture.
« Un vescovo parato con gli occhiali al nazo che li canta le
» vigilia, che il non sentirlo solamente lo dimostra dipinto. »
(*Vita di Domenico Ghirlandaio.*)

(2) M. Bayle en a fait une trop pompeuse description à la
page 390 du premier volume des *Promenades dans Rome*, où les
décisions les plus prétentieuses et souvent les moins raisonnables
se cachent sous un faux air de simplicité et de savoir. J'aime
mieux la naïveté du président Des Brosses, qui n'aime en peinture
que les Carrache, en architecture que les colonnades, et qui, par
ses aveux pleins de franchise, ne saurait gâter le goût de personne.

(3) Raphaël y a peint, tout à la fois, dans le fond, la vieille
façade de Saint-Pierre, menacée par l'incendie, et sur le devant les
trois colonnes de la Græcostasis, qui étaient à moitié enfouies encore dans le Forum romain. Si, par une fiction sur laquelle je ne
veux pas disputer, le peintre était autorisé à mettre ensemble
des monumens séparés par le Tibre et par les collines, du moins
aurait-il dû, pour former un tout harmonieux, donner à la vieille
basilique un peu de la noblesse qu'il savait si bien prêter aux
trois colonnes antiques; il n'a pas compris ce qu'il pouvait y

amplifia plus tard ces superbes constructions de Domenico ; mais, en y ajoutant du faste, il perdit ces élégantes proportions qu'une architecture plus sévère avait communiquées aux corps mêmes des personnages peints par le Florentin. Cette beauté de l'ordonnance générale, et cette juste mesure des figures, qui en paraît être comme une conséquence, étaient louées par les anciens dans le seul mot de symétrie.

Euphranor, qu'il faut nommer après Asclépiodore, fut beaucoup plus célèbre chez les anciens. Quoique le texte sans doute altéré de Pline le fasse naître dans l'Isthme (1), il ne faut point hésiter à le ranger parmi les artistes de l'école d'Athènes. D'après Pline lui-même, c'est chez les Athéniens qu'il eut ses disciples (2) ; et lorsque Plutarque examine si les Athéniens ont été plus illustres par les arts de la guerre ou par ceux de la paix, il cite expressément Euphranor, comme celui de tous les peintres dont ils s'honoraient le plus (3). Pour l'époque où parut cet artiste, il ne faut pas non plus s'en rapporter entièrement à Pline, qui le fait fleurir dans la cent quatrième olympiade, c'est-à-dire à l'époque de la bataille de Mantinée. Euphranor ayant peint cette bataille, l'écrivain latin l'en a fait, un peu légèrement, le contemporain. Comme on sait que le même artiste a représenté non seulement Philippe, mais Alexandre sur le char de triomphe, il faudrait sup-

avoir de majestueux dans cette première basilique de Saint-Pierre, qui eût été peut-être plus goûtée de notre temps que la basilique nouvelle, mais qui, au temps de Jules II, n'était plus qu'une ruine barbare qu'il fallait se hâter de faire disparaître.

(1) « Post Pausiam eminuit longe ante omnes Euphranor Isthmius. » (Plin., *Hist. nat.*, lib. XXXV, c. 40.)

(2) « Euphranoris discipulus Antidotus,... maxime is claruit discipulo Nicia Atheniensi. » (Ibid.)

(3) Plutarque. « Bellone an pace clariores fuerint Athenienses. » Après avoir cité d'abord Apollodore, comme ayant fondé l'école d'Athènes par la distinction du jour et des ombres, il nomme Euphranor le premier avant Nicias, Asclépiodore et Panænus, le frère de Phidias ; il est évident qu'il classe ici ces peintres dans l'ordre de leur réputation, et non point dans celui de leur succession historique.

poser, pour s'accorder avec Pline, qu'il était ou encore
à l'école lorsqu'il avait peint Epaminondas, ou déjà dans
la caducité lorsqu'il avait figuré Alexandre. Il est plus probable qu'il a retracé la journée de Mantinée sous le règne
de Philippe, pendant lequel il a dû briller, et dont il a dû
voir encore le successeur.

Euphranor était placé au premier rang, non seulement
à cause du mérite de ses ouvrages, mais encore pour la
diversité de ses talens. C'est ce que dit bien Quintilien,
dont les indications, malheureusement trop peu nombreuses, paraissent toujours les plus justes et les plus sen-
sées. Suivant lui, Euphranor devint un objet d'admiration
parce que, possédant toutes les belles connaissances qui
font un homme remarquable, il sut encore produire des
chefs-d'œuvre dans l'art de peindre et dans celui de
sculpter (1). Littérateur, il écrivit des livres sur son art; il y
traita de la symétrie, ou de l'ordonnance et des proportions,
qui composaient la science particulièrement athénienne, et
des couleurs, qui étaient la grande préoccupation des écoles
nouvelles (2). Il étudiait les poëtes; et les commentateurs
d'Homère nous apprennent qu'ayant à peindre Jupiter, et
ne sachant sur quel type le former, il prit conseil de
l'Iliade, où ayant lu que le fils de Saturne agite sa chevelure ambroisienne, et par le mouvement de ses sourcils
fait trembler tout l'Olympe, il s'écria que son type était
trouvé, et sur l'heure l'alla dessiner (3). Pour agrandir le
domaine de la peinture, il n'avait pas seulement le secours
du savoir et de la poésie, il était éclairé par toutes les lumières que la statuaire pouvait fournir à un Athénien. Il
savait employer l'airain à fondre des colosses, le marbre à
tailler des statues; il cisela des coupes. D'un génie qui se
prêtait à tout, d'une application qui le mettait au-dessus
de tous ses rivaux, il excellait dans tous les genres, et était

(1) « Euphranorem admirandum facit, quod et cæteris optimis
» studiis inter præcipuos, et pingendi fingendique idem mirus
» artifex fuit. » (Quint., lib. XII, c. 10.)

'2 « Volumina quoque composuit de symmetris et coloribus. »
(Plin., lib. XXXV, c. 40..

(3) Eustathius, ad. vers. 529, *Iliados*, A

toujours égal à lui-même (1). Il s'éleva si haut dans celui
que nous considérons ici, que lorsque Lucien peint sa beauté
parfaite , il veut qu'elle ait ses cheveux de la main d'Euphranor, et semblables à ceux que cet artiste avait donnés à
sa Junon (2). Ce mérite d'exceller dans la peinture des cheveux, qui est surtout attribué au Corrége parmi les modernes , indiquerait plutôt la grâce que la force du talent.
Cependant l'homme qui avait fait les statues colossales de
la Vertu et de la Grèce (3) devait donner aussi à ses peintures le caractère de la puissance. Nous savons en effet
que , comme Zeuxis, il était accusé par les Grecs de peindre ses têtes et ses articulations trop fortes (4). Pline, qui
nous en a conservé le témoignage, ajoute que la proportion
de ses corps en était troublée (5). Mais il faut qu'Euphranor ait encouru ce reproche, ou uniquement dans ses
premiers temps, ou seulement de la part de quelque école
accoutumée à un style plus doux, puisqu'il est loué par
le même auteur, comme ayant, l'un des premiers, connu
la science du rapport des parties 6). Un homme qui prenait, comme Zeuxis, l'idée de ses dieux dans Homère,
devait mettre partout de la grandeur : aussi voit-on encore
dans Pline que, le premier, il sut représenter la majesté
des héros (7). Je crois qu'il faut entendre cet éloge autant
de la stature imposante, que de l'air qui distinguait ses
personnages. Nous pouvons juger qu'il savait aussi les
caractériser par une expression fortement étudiée, puis
que dans une statue de Pâris, qu'il avait faite, on apercevait tout à la fois la candeur du berger, juge des trois
déesses , la passion de l'amant d'Hélène , le courage du

1) « Fecit et colos os, et marmora ac scyphos sculpsit : do-
« celis et laboriosus ante omnes, et in quocumque genere excel-
« lens ac sibi aequalis. » (Plin., ut supra.)

(2) Lucian., *Imagines.*

(3) « Fecit et Virtutem et Graeciam, utrosque colosseas. »
(Plin., *Hist. nat.,* l. XXXIV, c. 19.)

(4) « Capitibus articulisque grandior. » Plin., *Hist. nat.,*
lib. XXXV, c. 40)

(5) « Universitate corporum exilior. » (Ibid.)

(6) « Hic primus videtur usus passe symmetriam. » (Ibid.)

(7) « Expressisse dignitates heroum. » (Ibid.)

vainqueur d'Achille (1). Ses peintures célèbres devaient
être en effet remarquables ou par la force de l'expression,
comme l'indiquent les sujets mêmes de ses Douze dieux, de
son Chef remettant l'épée au fourreau, de ses Hommes mé-
ditant enveloppés dans leurs manteaux (2); ou par l'énergie du mouvement, que Plutarque loue très expressément
dans sa bataille de Mantinée (3). Euphranor s'était donc
principalement attaché à soutenir son idéal héroïque par
la puissance des proportions et du dessin, qui étaient les
qualités distinctives de l'école d'Athènes ; mais il n'avait
pas négligé de le fortifier encore par les moyens que le
coloris avait mis à la disposition de l'école de Sicyone.
Pour savoir à quel ton il avait monté ses couleurs, il suffit
de rappeler qu'il disait que le Thésée de Parrhasius était
nourri de roses, mais que le sien était nourri de chair (4).
Ce sont des termes dont les discussions de notre époque
font assez comprendre la valeur. A ce témoignage qu'Euphranor s'est rendu lui-même, s'ajoute ce que Pline dit de
son élève direct, Antidote, qui se fit surtout remarquer
par son application et par la fierté de son coloris (5).

On ne peut parler d'Euphranor sans penser aussitôt à

(1) « Euphranoris Alexander Paris est : in quo laudatur, quod
» omnia simul intelligantur, judex dearum, amator Helenae, et
» tamen Achillis interfector. » (Plin., *Hist. nat.*, lib. XXXIV,
c. 40.

(2) « Palliati cogitantes, dux gladium condens, duodecim dii »
(Plin., *Hist. nat.*, lib. XXXV, c. 40.)

(3) Plutarch « Bellone an pace clariores Athenienses »

(4) « Theseus in quo dixit, eumdem apud Parrhasium rosa
» pastum esse, suum vero carne. » (Plin., *Hist. nat.*, l. XXXV,
c. 40.

(5) « Euphranoris autem discipulus fuit Antidotus : ipse di-
» ligentior quam numerosior, et in coloribus severus. » (Plin.,
Hist. nat., l. XXXV, c. 40.) En expliquant autrefois les marbres
d'Égine, je crois avoir montré que *numerosus* doit être entendu,
non pas, comme on fait ordinairement, d'un homme qui a laissé
beaucoup d'ouvrages, mais d'un artiste qui sait trouver les nom-
bres ou les rhythmes dont se compose l'harmonie de l'œuvre.
Antidote avait donc plus d'application que d'harmonie. On en
pouvait dire autant de Daniel de Volterre, le principal élève de
Michel-Ange

Michel-Ange, qui en a offert aux modernes un portrait vraiment surprenant par sa ressemblance. Le Toscan fut universel comme l'Athénien ; il lut le Dante, l'imita, l'illustra, comme l'autre avait lu et reproduit Homère. Il fut, aussi, savant dans toutes les sciences, et l'emporta en ce qu'il fut encore poëte et architecte ; il fit comme lui des colosses, y employant le bronze et le marbre ; il couronna l'école de Florence, comme Euphranor celle d'Athènes, en élevant enfin à la place de l'idéal antique, peu à peu effacé par une imitation plus exacte de la nature, un idéal nouveau qui se résumait dans l'apothéose de la puissance et de la force de l'homme ; il exprima, comme lui, cet idéal par une certaine exagération des proportions, ou plutôt par la création de proportions nouvelles ; comme lui, il joignit au grandiose le mouvement ; comme lui, il y ajouta encore cette forte expression méditative qui, on en peut être assuré, a plus brillé dans les statues des tombeaux des Médicis, et dans les Prophètes peints à la voûte de la chapelle Sixtine, que dans le Pàris du Grec, ou dans ses Penseurs enveloppés de leurs manteaux. Michel-Ange est assurément l'un des artistes qui ont poussé le plus loin cette science complexe de la symétrie qu'on louait dans Euphranor. Les rares tableaux que l'on conserve de Buonarotti suffiraient pour en faire foi ; les *Trois Parques* du palais Pitti, outre la belle répétition de leur visage, sont, par leur geste même, tellement intéressées à une seule action, qu'elles semblent presque ne faire qu'une seule personne ; la *Sainte Famille* qu'on voit à la tribune des Offices de Florence, entourée de sa guirlande d'anges, et recueillie tout entière en elle-même, comme dans un seul sentiment, est un des groupes les plus admirablement ordonnés dont la peinture ait pu recevoir le modèle de la sculpture. Mais que dire de la distribution des chefs-d'œuvre de la chapelle Sixtine ? Dans la voûte où il a peint les grandes pages du mosaïsme, Michel-Ange, sans renoncer au mouvement dont il avait besoin, s'était imposé le devoir de respecter les formes de l'architecture, que ses successeurs ont violées par les perspectives hardies de leurs plafonds ; il divisa donc son sujet en autant de com-

partimens qu'il en fallait pour laisser paraître les articulations nécessaires de la construction. Tirant de cette gêne
une ordonnance sublime, il a retracé au milieu de la
voûte, comme dans des caissons, les scènes où Dieu même,
au milieu du ciel entr'ouvert, crée les mondes et l'homme;
puis, par un enchaînement de nervures figurées, il a fait
reposer ce grand système sur celui des prophètes, des
sibylles et des tribus, qui, cariatides grandioses, dans
leurs immenses pendentifs, semblent appuyer tout à la
fois et la voûte du temple et l'édifice de l'ancienne loi.
Sous ce vaste ciel où il avait montré comment la peinture
doit respecter et animer la symétrie architecturale, il enseigna, en peignant le *Jugement dernier*, quelle symétrie
moins régulière et plus voisine de la variété de la nature
elle doit suivre, sur les murs où elle peut user plus librement de toutes ses ressources. Sans laisser d'intervalle régulier entre les parties, sans trahir un ordre méthodique,
il disposa cette grande peinture par zones, où on s'élève
des premiers retours à la vie d'une part, et des premières
angoisses de l'enfer de l'autre part, successivement à l'aspi-
ration vers le bien suprême d'un côté, et aux dernières
luttes de l'espérance de l'autre, puis des deux parts tout ensemble au calme de la foule bienheureuse qui entoure le
juge, enfin à l'exultation de la victoire dont les esprits les
plus purs emportent les signes triomphans au plus haut
des cieux. Mais il ne se contenta point de peindre dans
ces zones superposées, par les mouvemens différens
des corps, l'état divers des âmes; outre les zones parallèles, il sut encore enfermer dans sa peinture des cercles
concentriques; à l'ordre des degrés successifs de la vie, il
ajouta l'ordre de la rotation imprimée par la souveraine
puissance, autour de laquelle tourne tout l'univers, et qui,
dans ce jour de terreur, en levant la main sur les mé-
chans, fait incliner sur eux, par un mouvement formidable, les sphères qui s'arrêtent et se dénouent. Quand on
contemple cette chute si harmonieuse encore de la création,
on n'imagine pas qu'il ait jamais été donné à l'esprit de
l'homme de concevoir une ordonnance plus savante à la

fois et plus belle. Si on s'applique, au contraire, à l'étude des proportions, on trouvera que, dans la même composition, Michel-Ange en a fait, avec un caractère commun de grandeur, l'usage le plus habile et le plus varié. Personne a-t-il jamais su mieux que lui dérober à la nature le secret de ses opérations, et par le jeu de quantités inégalement pondérées, former des êtres vivans, et écrire dans leur organisation même des destinées différentes? Enfin, dans le Jugement dernier, où il poussa au plus haut degré tout ce que l'art peut recevoir de l'intelligence humaine, il montra encore que sa main savait trouver, pour rendre ses fortes idées, un coloris digne d'elles; il y prodigua des couleurs dont l'austérité, plus nourrie qu'on ne se la figure, sait échauffer l'âme en l'élevant.

Parmi les disciples du grand Euphranor, le plus remarquable fut Nicias, qui fit tant d'honneur aux Athéniens, que ses concitoyens, au rapport de Pausanias, lui érigèrent un tombeau dans le lieu où l'on ensevelissait aux frais du public ceux qui avaient illustré leur patrie (1). Elève d'Antidote, qui l'était lui-même d'Euphranor, il dut cependant être encore le contemporain de celui-ci, puisqu'on sait qu'il fut aussi l'ami du sculpteur Praxitèle qui brilla sous Alexandre et sous ses successeurs. A l'exemple de Praxitèle, qui s'illustra surtout en donnant dans la Vénus de Cnide l'idéal de la nature féminine, son ami est cité par Pline comme s'étant plus particulièrement appliqué à peindre les femmes (2); il offrit donc avec Euphranor, qui avait consacré aux héros son style grandiose, un contraste complet. Il prêta même l'allure efféminée à des personnages qui, comme son Hyacinthe, les délices d'Auguste, avaient jusqu'alors été représentés d'une manière plus sévère (3). En amollissant ainsi les anciens types, il cherchait cependant à donner de la chaleur à sa peinture par l'opposition des lumières et de l'ombre, et principale-

(1) Pausanias, *Attique*, c. 29.

(2) « Diligentissime mulieres pinxit. » (Plin., *Hist. nat.* lib. XXXV, c. 40.)

(3) Pausanias, *Laconie*, c. 19.

ment à faire sortir les objets hors du cadre (1). Pour obtenir ces beaux effets dans les tableaux qui plus tard allaient orner à Rome la salle des assemblées du sénat, on sait, par le témoignage de Pline, qu'il employait la méthode de l'encaustique (2). Avec cette méthode, qui, par l'empâtement, lui permettait de mieux imiter la nature, il étendait les couleurs qui étaient les plus propres à lui donner des reliefs. S'il faut en croire Pline, il avait trouvé par hasard, dans une maison incendiée du Pirée, des vases de céruse, laquelle, brûlée par le feu, lui fournit de belles ombres (3). Habile à profiter de toutes les ressources des écoles rivales et de celles de l'industrie, il portait une telle application au travail, qu'il en oubliait le boire et le manger, et qu'il avait besoin de demander aux domestiques s'il avait pris son repas (4). Par cet admirable zèle, il conduisit à fin des chefs-d'œuvre qui, réunissant toutes les perfections du métier, charmèrent les yeux de ses compatriotes, et furent entre ceux que les Romains estimèrent le plus ; peut-être même sut-il les rendre remarquables aussi par l'expression, s'il voulut peindre autre chose qu'un jeu de la nuit et du jour dans cette Descente d'Ulysse aux enfers, qu'il fut assez fastueux pour donner à la ville d'Athènes, après en avoir refusé soixante talens, non pas du roi Attale, comme dit Pline, mais de Ptolémée, roi d'Egypte, comme dit Plutarque. C'est par une erreur des traducteurs de Pausanias qu'il est cité comme s'étant rendu illustre en peignant des animaux (5) ; Démétrius de Phalère nous donne l'occasion de relever cette faute, en nous apprenant qu'au contraire Nicias, blâmant les peintres

(1) « Lumen et umbras custodivit, atque ut eminerent e tabulis
» pictura maxime curavit. » (Plin., ut supra.)

(2) « Nicias scripsit se inussisse. » (Plin., Hist. nat., l. XXXV,
c. 10.)

(3) « Usta casu reperta incendio Piraei, cerusa in orcis cre-
« mata. Hac primus usus est Nicias. Sine usta non fiunt umbrae. »
(Plin., Hist. nat., lib. XXXV, c. 20.)

(4) Plutarque, Élien, Stobée, cités par Junius.

(5) Pausanias, Attique, ch. XXIX, dit : Νικίας τε ὁ Νικομήδου
ζῶα ἄριστος γράψαι τῶν ἐφ' αὑτοῦ. Chez les Grecs ξωγράφος veut
simplement dire, peintre de nature vivante.

qui ne représentaient que des oiseaux et des fleurs, conseillait de retracer des combats de mer ou de cavalerie pour avoir sujet de montrer de belles attitudes, et qu'il pensait que l'invention et le sujet ne devaient pas être moins considérés dans l'art que dans la poésie (1). A ce signe, on re connaît bien la grande école d'Athènes, qui, même dan un peintre déjà amolli, et plus amoureux de l'exécution que de la pensée, sait cependant maintenir encore les droits de l'intelligence.

A Florence, et dans le nombre même des imitateurs de Michel-Ange, on trouve un artiste admirable qui fit aussi succéder tout-à-coup la grâce à la puissance de son modèle. André del Sarto fut le Nicias des Toscans. Au palais Pitti, où il faut l'avoir vu pour connaître sa gloire, on passe, sans être trop déconcerté, de ses Madones à cette Vierge à la Chaise, où Raphaël a mis cependant toute son harmonie, toute sa pureté, toute son émotion. André, sans s'être plus particulièrement distingué dans les figures de femme, a donné je ne sais quoi de féminin et de suave, même à ses peintures les plus grandioses. Il est surtout unique pour cette belle opposition des lumières et des ombres, qui, au palais Pitti, par exemple, fait réellement sortir de la toile les Docteurs qu'il a représentés discutant sur le mystère de la Trinité. Tout en brisant ses couleurs par les fusions les plus douces, il leur donne une chaleur austère qui ajoute beaucoup à la tristesse habituelle de ses figures ; et on peut dire que c'est un des hommes qui, sans tomber jamais dans l'excès, ont poussé le plus loin l'effet de la peinture à l'huile. Il arrivait moins à ces résultats par l'inspiration d'un génie supérieur que par un travail laborieux, dont on voit les essais success fs dans ses fresques du cloître de l'*Annunziata*, et mieux encore de celui des *Scalsi*. C'était un ouvrier infatigable et sublime qui, incapable de donner une impulsion particulière, ne voulait demeurer étranger à aucun des perfectionnemens imprimés par d'autres à son art, et qui, dans ce choix, où le caractère particulier de l'école florentine s'affaiblissait,

(1) Demetrius Phalereus, *de Elocutione*, § 76.

savait cependant en faire paraître encore le ton délicat et élevé. Moins fortuné seulement que Nicias, il ne vendait pas ses tableaux au poids de l'or ; et, pour un sac de blé, il composa cette Madone que Michel-Ange n'aurait pas dessinée plus largement, que Raphaël n'aurait pas touchée avec plus de finesse.

Ce n'est point par un jeu bizarre que la nature a couronné ainsi l'existence de l'école d'Athènes et de celle de Florence par des peintres offrant entre eux des ressemblances plus exactes que celles dont nous aurions besoin pour soutenir ce parallèle. A Athènes et à Florence, la fin devait être semblable au commencement ; et voilà pourquoi Euphranor et Michel-Ange rappellent Polygnote et Zeuxis, Giotto et Filippo Lippi. A Athènes et à Florence, il était naturel que la statuaire, l'art héroïque par excellence de l'homme, ramenât la peinture aux grandes proportions et à l'expression réfléchie et méditative; et voilà pourquoi Euphranor et Michel-Ange furent tous les deux sculpteurs et peintres à la fois. A Athènes et à Florence, il fallait que les plus beaux dons de l'intelligence vinssent donner à l'art sa dernière forme et sa dernière grandeur; et voilà pourquoi Euphranor et Michel-Ange sont cités comme des hommes qui auraient pu être illustres même sans se servir du pinceau et du ciseau. A Athènes et à Florence, enfin, après que l'école avait produit ses effets les plus énergiques, il devait y avoir des ouvriers assez habiles pour rechercher les qualités qu'elle n'avait pas en propre, et pour en former, dans un dernier effort, une dernière image de la perfection ; et c'est pourquoi Nicias et André del Sarto se rendirent célèbres par une imitation harmonieuse, en unissant à la fois et la couleur de Sicyone ou de Venise, et la grâce d'Apelle ou de Raphaël, à ce dessin savant qui, en se modelant sur la nature, n'avait pas cessé de la dominer.

CHAPITRE DIX-HUITIÈME.

Troisième époque.

Ecoles de la belle imitation.

L'Asie qui avait déjà donné aux Grecs un avant-goût de la grâce en leur envoyant Parrhasius d'Ephèse, leur montra la grâce elle-même dans le génie d'Apelle, né ou dans l'île de Cos (1), près des côtes de la Carie, ou dans la ville de Colophon, sur la plage de l'Ionie. Ce prince des peintres antiques eut sa résidence ordinaire à Ephèse, et y jouit des droits de citoyen. Il avait reçu les premières leçons dans l'atelier d'Ephore (2). Il voulut cependant être instruit des perfectionnemens que la Grèce avait donnés à son art; il visita le continent, et sans doute il alla à Athènes. S'il convenait qu'Asclépiodore l'emportait sur lui par les proportions, c'est apparemment qu'il les avait apprises à son école. Mais on sait positivement qu'il acheva de se former sous les maîtres de Sicyone, qui avaient le plus contribué à la propagation des méthodes nouvelles. Il fut élève de Pamphile (3), qui demanda un talent pour l'admettre auprès de lui; il semble qu'il travailla aussi, sous le disciple de ce grand peintre, sous Mélanthe, à qui il reconnaissait qu'il était inférieur sous le rapport de la composition, et qui est cité par Plutarque comme son maître (4). Il faut donc ou qu'il ait fait deux voyages à Sicyone, ou que Mé-

(1) Apelles Cous., Plin., *Hist. nat.*, lib. XXXV, c. 49.
(2) Suidas.
(3) « Pamphilus quoque Apellis praeceptor » (Plin., *Hist. nat.*, lib. XXXV, ch. 40.)
(4) Plutarch., in *Arato.*

ianthe fût comme le chef de l'atelier, lorsque Pamphile était le chef de l'école.

Apelle, célébré dans les livres des anciens par des éloges infinis dont nous ne voulons pas suivre tous les détails, se caractérisa lui-même lorsque, ayant parcouru la Grèce et admiré les ouvrages de tous les peintres, il dit qu'il ne leur manquait qu'une chose, cette beauté que les Grecs appelaient χάρις, à qui les Romains donnèrent le nom d'une plus grande déesse, de Vénus ; il reconnaissait que ses rivaux avaient tous les autres mérites, mais qu'en celui-là il était sans égal. Il en montra le plus fameux exemple en peignant, pour les habitans de l'île de Cos, cette Vénus sortant des flots, qu'on appelle l'Anadyomène, et qui, estimée au prix de cent talens, fut transportée du temple qu'Esculape avait à Cos dans celui qu'Auguste éleva à César sur son forum (1). L'artiste voulait encore surpasser ce chef-d'œuvre, et commença une autre Vénus que la mort l'empêcha d'achever. Il avait peint l'Anadyomène, suivant Pline, à l'image de Campaspe, cette belle maîtresse qu'Alexandre lui avait cédée (2), et selon Athénée, à l'image de Phryné, qu'il aurait vue à Eleusis (3). Ce qu'il y a de commun au témoignage des deux écrivains, c'est qu'il la peignit d'après le modèle nu ; et c'est à l'exactitude avec laquelle il exprimait les détails que pense Lucien, lorsqu'il demande que le corps de sa beauté accomplie soit peint par Apelle.

En effet, Apelle ne fut pas moins cité pour la ressemblance parfaite de ses peintures que pour leur beauté charmante. Il avait, dit-on, le privilége de peindre seul (4) Alexandre, qui, autant qu'on en peut juger par un mot de Pline, le mena quelque temps à sa suite (5), après l'avoir peut-être trouvé dans les villes de la Grèce ; selon le

(1) Strabo, lib. XIV.
(2) Plin *Hist. nat*. lib. XXXV, c. 36.
(3) Athenaeus, lib. XIII, c. 6.
(4) « Edixit ne quis ipsum alius, quam Apelles pingeret. » (Plin., *Hist. nat.*, l. VII, c. 37.)
(5) « Non fuerat ei grata *in comitatu Alexandri* cum Ptole-
» mæo. » (Plin, *Hist. nat.*, lib. XXXV, c. 36.)

même écrivain, il est difficile de compter combien de fois
il avait représenté Philippe et Alexandre (1). Son portrait
d'Alexandre armé de la foudre passait pour un de ses
chefs-d'œuvre. On ne sait si c'est à propos de celui-là qu'il
disait qu'il y avait deux Alexandre, l'un fils de Philippe,
invincible, l'autre d'Apelle, inimitable. Il peignit avec
non moins de bonheur les amis et les généraux d'Alexandre, Clitus, et Antigone qui était borgne, et qu'il figura
de trois quarts, en montrant l'œil sans doute, sans en
laisser apercevoir le défaut (2). Il avait représenté Antigone plus d'une fois, d'abord vêtu de sa cuirasse, accom-
pagné de son cheval, puis monté sur le cheval; et ce dernier portrait était celui de tous ses ouvrages que les habiles
préféraient (3). Il y avait si peu de différence entre un de
ses portraits et la nature, qu'un devin, suivant le gram-
mairien Apion, cité par Pline qui s'en récrie, pouvait dire
combien d'années avait vécu ou devait vivre encore celui
dont cette image offrait les traits. On rapporte encore,
comme une preuve de son talent pour rendre les ressemblances, que, poussé à Alexandrie par une tempête, et
invité à la table de Ptolémée, avec lequel il avait eu autrefois des démêlés, par le bouffon de la cour, qui voulait
lui jouer un méchant tour, il fut, dès qu'il parut, interpellé
vivement pour savoir qui l'avait autorisé à se présenter,
saisit un charbon au foyer, et dessina sur le mur le portrait
de celui qu'il n'avait vu sans doute qu'une fois, et qui,
avant même qu'il eût achevé, était reconnu par le roi (4).
On fait un autre récit, moins concluant peut-être, d'un
cheval que ses rivaux dépréciaient, et qui, ayant fait hennir
des chevaux réels, obtint du suffrage des animaux la palme
que celui des hommes lui refusait.

Pour atteindre à cette ressemblance parfaite, Apelle

(1) « Alexandrum et Philippum quoties pinxerit, enumerare
» supervacuum est. » (Ibid.)

(2) « Obliquam namque fecit, ut quod corpori deerat, pic-
» turæ potius deesse videretur. » (Ibid)

(3) « Peritiores artis præferunt omnibus ejus operibus eum-
» dem regem sedentem in equo. » (Ibid)

(4) Plin. (Ibid)

avait le dessin le plus fin et le plus délié. D'après Pétrone, souverain juge que Néron lui-même voulait bien reconnaître pour l'arbitre du goût, il mettait une si grande délicatesse dans l'imitation des contours, qu'on croyait voir vivre ceux qu'il peignait (1). Mais ce qui fait le mieux connaître la subtilité de son dessin, c'est le récit de la lutte qu'il eut avec Protogène, et qui a jeté les critiques dans tant de disputes où nous ne les suivrons pas. Apelle débarque à Rhodes, et veut y voir Protogène ; ne le trouvant pas chez lui, pour signe de sa venue, il prend un pinceau, trace avec la couleur, sur un tableau vide encore, un trait de la plus grande finesse, et s'en va. Protogène vient, et s'écrie, en voyant le trait : Apelle est ici ! Il trempe le pinceau dans une autre couleur, et trace dans le trait même de son rival un trait plus délicat encore, et sort à son tour. Apelle revient, ne veut pas être vaincu, et avec une couleur nouvelle, coupe les deux premiers traits par un troisième, au-delà duquel la finesse ne saurait plus aller. Le tableau où étaient les trois traits, presque imperceptibles à la vue, transporté plus tard sur le palatin dans la maison d'Auguste, y fut placé comme une merveille au milieu des plus beaux ouvrages de l'art. Soit que ces traits fussent de simples lignes, comme le voudrait Perrault, ou qu'ils fussent de véritables dessins au trait, comme l'explique le comte de Caylus, soit qu'on y admirât la ténuité même d'un trait, ainsi que Pline l'indique formellement (2), ou bien la justesse du contour, ainsi que l'entendait Michel-Ange (3), il n'en reste pas moins certain que la délicatesse du dessin était poussée à l'extrême par Apelle et par ses rivaux.

Mais Apelle voulait aussi donner à ses peintures la beauté du coloris qu'il avait été étudier à Sicyone. D'après

(1) « Tanta enim subtilitate extremitates imaginum erant ad » similitudinem praecisae, ut crederes etiam animorum esse pic- » turam. » (Petron., *Satyr.*)

(2) Plin., *Hist. nat.*, l. XXXV, c. 36.

(3) Voy. toute cette discussion dans le premier Mémoire de M. de Caylus, à la page 256, du t. XIX du recueil des Mémoires de l'Académie des inscriptions et belles lettres.

le sens le plus naturel d'une remarque précieuse de Lucien,
il paraît cependant qu'il avait une couleur un peu claire,
et qu'il fallait, comme à l'autre Ionien Parrhasius, lui
conseiller de donner un sang plus noir à ses personnages (1).
Il est évident qu'il était lui-même en garde contre ce défaut ; car, suivant Plutarque, à Alexandre, qui avait la
peau très blanche, et dont la figure surtout et la poitrine
étaient rosées, il prêta une couleur plus brune et plus char-
gée, lorsqu'il voulut le représenter avec la majesté olym-
pienne, armé de la foudre (2). Comme Pline rapporte que,
dans la même composition, les doigts et la foudre semblaient sortir du tableau (3), il faut que pour atteindre à
ce relief, l'artiste eût choisi ses tons les plus chauds. Nous
savons, par un autre passage du même écrivain, qu'Apelle
cherchait tous les moyens de donner à ses peintures ce coloris foncé qui caractérisait les Sicyoniens ; il avait trouvé
un vernis noir très fin, qui demeura un secret, et qu'il
passait sur ses tableaux, non seulement pour les préserver
des ordures et de la poussière, mais encore pour en étein-
dre les couleurs trop vives, et pour leur prêter cette austérité alors si recherchée des Grecs : on eût dit qu'on voyait
à travers la pierre spéculaire et d'un peu loin les images
sur lesquelles il avait passé son enduit (4). On peut juger par ces indications qu'Apelle ne voulait entièrement
renoncer ni aux vives couleurs qui caractérisaient la pein-

(1) Μάλιστα μή ἄγαν λευκον, ἀλλὰ ἔναιμον ἁπλῶς. « Surtout, dit
» Lucien dans ce passage de son dialogue sur les images, qu'il
» n'emploie pas trop les tons clairs pour varier ses corps, et qu'il
» leur donne une teinte plus généralement et plus uniformément
» sanguine. » Je ne puis entendre que comme une crit que ce
passage relatif à un des plus beaux tableaux qu'Apelle eût peints,
et dont il est difficile de savoir le sujet.

(2) Ἀπελλῆ δὲ, γράφων τον κεραυνοφόρον, οὐκ ἐμιμήσατο τὴν
χρόαν, ἀλλὰ φαιότερον καὶ πεπινωμένον ἐποίησεν. » (Plut. in *Alex*)
Il le fit plus brun et sale.

(3) « Digitiem mere videntur, et fulmen extra tabulam esse. »
(Plin., *Hist. nat.*, lib. XXXV, ch. 36)

(4) « Ne colorum claritas, oculorum aciem offenderet, veluti
» per lapidem specularem intuentibus e longinquo : et eadem res
» nimis *floridis coloribus austeritatem* occulte daret. » (Ibid.)

ture orientale, ni à l'harmonieuse sévérité dont les écoles
du Péloponèse avaient donné l'exemple.

A la finesse du dessin, à la force de la couleur, Apelle
se piquait d'unir une science consommée des raccourcis,
puisque, au témoignage de Pline, peignant Hercule par
derrière, il sut faire voir réellement sa figure en parais-
sant seulement l'indiquer (1). Enfin, suivant l'expression
de Quintilien, au don de la grâce il joignait celui de
l'imagination (2). Il savait représenter par des figures ce
qui semble ne pouvoir pas être figuré, le tonnerre, l'éclair,
la foudre (3). Quand même Pline ne serait pas explicite
en rapportant les noms que les Grecs avaient donnés à
ces images, on aurait, pour se préserver du sens absurde
que le comte de Caylus (4) a prêté au passage de l'écrivain latin, la grande description que Lucien nous a conservée du tableau de la Calomnie, et qui prouve combien
Apelle était ingénieux à former des personnages symboliques. Iniquement dénoncé à Ptolémée par le peintre Antiphile, et quoique vengé par le roi lui-même, l'artiste
représenta, dans cette peinture fameuse, la Calomnie,
l'Ignorance, le Soupçon, l'Envie, les Piéges, la Fausseté,
le Repentir, la Vérité, caractérisés et groupés avec un
art que l'auteur des Dialogues nous fait toucher du
doigt (5). Notre Poussin, éloigné de la France par les me-
nées de Vouet, recommença cette page d'Apelle dans
un tableau que possède aujourd'hui la galerie Manfrin de
Venise, et que nous y devrions racheter à tout prix. Dans
ce genre de composition symbolique, qui était plus du

(1) « Herculem aversum ... ut (quod est difficillimum) Lucien
» ejus ostendat verius pictura, quæ promittat. » (Ibid.)

(2) « Ingenio et gracia, Apelles est præstantissimus » (Quint.,
l XII, c. 10.)

(3) « Pinxit et quæ pingi non possunt, tonitrua, fulgura, ful-
» getraque : bronten, astropen, ceraunobolian appellant. » (Plin.,
ut supra.)

(4) A la page 16 de la deuxième partie du XXV vol. des
Mémoires de l'Académie des inscriptions et belles-lettres. M. de
Caylus s'étonne qu'Apelle ait été le premier à imiter les divers
effets de la nature.

(5) Lucian., De non temere credendo calumniæ.

goût des Grecs que du nôtre, Apelle put faire briller la délicatesse ingénieuse des habitans de la côte d'Asie.

Dans sa vie, Apelle réunit, à un juste sentiment de son génie, une modestie et une bienveillance souvent louées. Il apprécia le mérite de ses rivaux, il contribua même à le faire connaître, comme nous le voyons par l'histoire de Protogène qu'il mit en crédit. Il prenait volontiers sur ses ouvrages l'avis des censeurs ; et l'on sait qu'il encouragea les critiques d'un cordonnier, qu'il fut forcé ensuite de rappeler à ses chaussures, par un mot devenu proverbial chez les anciens (1). Complaisant envers les plus simples, il avait acquis par sa douceur une autorité dont il savait user pour reprendre familièrement Alexandre lui-même. Il était laborieux, et ne passait pas une journée sans s'être servi de ses crayons. Du reste, passionné pour la beauté, dont il offrit aux Grecs les plus charmantes images, il est cité pour avoir aimé non seulement Campaspe et Phryné, mais aussi Laïs, à qui il avait voulu faire partager sa demeure pour avoir sans cesse sous les yeux les belles formes qu'il voulait sans cesse reproduire (2).

Il semble que la nature se soit plu à rendre aux modernes Apelle tout entier dans la personne de Raphaël. Le parallèle de ces deux artistes a été touché par tous les critiques qui ont considéré l'un et l'autre avec quelque attention. Sanzio relevait directement de Pérugin, le grand initiateur de l'école de Rome, tandis qu'Apelle n'avait reçu qu'indirectement les traditions de Parrhasius, qui avait déjà montré aux Grecs la gloire des écoles de l'Asie. Le peintre d'Urbin trouva sur les bords du Tibre, comme celui d'Éphèse sur les côtes de l'Asie-Mineure, cette volupté antique dont ils ont fait la grâce en la purifiant ; ils en ont répandu le sourire sur tous leurs ouvrages, et leur nom est devenu, pour ainsi dire, le signe et l'image même de la beauté. Raphaël, après Apelle, ne voulut cependant demeurer étranger à aucun des progrès que l'art avait faits dans les autres écoles : a Florence, où il trou-

(1) « Ne sutor ultra crepidam. » (Phædre.)
(2) Athanæus, lib. XIII, c. 6.

vait à la fois les cartons énergiques de Michel-Ange et les peintures empâtées de Léonard, les fresques savantes du Ghirlandajo et les tableaux harmonieux de fra Bartolommeo, il profita tout à la fois de ce qu'Apelle dut apprendre séparément à Athènes et à Sicyone. Comme l'élève de Pérugin, s'appropriant successivement les méthodes des différentes écoles, eut plusieurs manières où l'on vit dominer tour à tour la grâce ingénue de Pérouse, le dessin savant de Florence, l'ardent coloris à qui on donnait déjà le nom des Vénitiens, de même il ne faut point douter que l'élève d'Ephore n'eût eu ses manières diverses. Aux premières appartenait sans doute ce tableau où Lucien lui reprochait de mettre trop de blanc, comme on a repris dans Raphaël la clarté charmante de ses commencemens; aux dernières, cet Alexandre lançant la foudre, où l'on remarquait une couleur plus sombre que celle de l'original, et le relief de la main, comme on admire dans le S. Jean-Baptiste de la tribune de Florence, outre le geste sublime, le coloris fauve du corps et l'étonnante saillie du pied. Est-il besoin de dire que chez les modernes le dessin a atteint, dans les ouvrages du divin Sanzio, ce dernier degré de la délicatesse et de la justesse où il était parvenu chez les anciens dans les tableaux d'Apelle? Cette finesse trop subtile fut censurée par Michel-Ange qui, étant allé à la Farnésine pour y chercher Daniel de Volterre, aperçut la Galatée, le chef-d'œuvre de la grâce élégante, et esquissa aussitôt, dans la même salle, avec le crayon noir, une tête gigantesque, dont le dessin véhément et nu demeure comme un audacieux défi qui n'a point reçu de réponse. Ainsi Buonarotti prit sur Raphaël la plus belle revanche de la défaite qu'Apelle avait fait subir à Protogène.

L'artiste d'Ephèse avait donné le modèle parfait de la beauté antique dans la Vénus Anadyomène; c'est dans la Madone que l'artiste d'Urbin a offert l'exemple achevé de la beauté moderne. Plus heureux en ceci que le Grec, il se surpassa lui-même à mesure qu'il reproduisit et qu'il transforma le type sur lequel il avait porté tout l'effort de son art. Entre la Vierge Condestabili de Pérouse, la Jardinière de Paris, la **Vierge au Chardonneret** de la tribune de Florence, la **Madone du grand-duc**, la **Vierge à la Chaise** du palais Pitti, la **Madone de Saint-Sixte**, transportée à **Dresde**, et la **Madone de Foligno**, recueillie au Vatican, on voit toutes les différences par lesquelles peut passer la beauté qui s'ennoblit, et le génie qui s'élève. Mais ce ne fut pas seulement à ces compositions idéales que le peintre romain exerça son pinceau : ceux qui ont vu les collections de l'Angleterre et les musées de l'Italie savent avec quelle vérité saisissante il a touché ses portraits. C'est le Titien qui représenta les conquérans de son temps ; Raphaël peignit les hommes qui y dominèrent surtout par la puissance de l'intelligence. Il n'eut pas besoin de mettre à la main de Jules II les foudres qu'il avait peintes dans ses yeux. Il fit rayonner sur le front de Léon X toutes les lumières de son siècle ; sur les lèvres du cardinal Bibbiena, cet esprit vif qui s'était joué dans *la Calandra* ; sur son propre visage, la grâce ardente dont il épancha tour à tour les douceurs et les feux ; sur celui de *la Fornarina*, dans le portrait que conserve la famille Barberini, la force de la beauté qui l'avait subjugué ; dans le portrait qu'on admire à la tribune de Florence, tout le charme que son génie savait ajouter à ces formes opulentes.

Il parvint donc, comme Apelle, par l'union d'un dessin plein de finesse, et d'un coloris qui alla toujours en s'échauffant, à lutter avec la nature. Comme lui encore, il se servit ingénieusement des ressources d'un art accompli. Pour se convaincre qu'à l'exemple du Grec il excellait à représenter des idées par des figures, il suffit de se souvenir des voûtes du Vatican, où, par les trois seuls personnages allégoriques de la Force, de la Prudence et de la Tempérance, il sut rivaliser avec l'éclat et le mouvement de ce magnifique Parnasse auquel il les opposait. Quel esprit ensemble profond et délicat ne voit-on pas briller dans ses compositions ! soit que l'on considère ces belles Sibylles de Santa-Maria della Pace, qui s'étonnent elles-mêmes de concevoir les vérités du christianisme, et qui, dans une terreur mêlée de je ne sais quelle vague allégresse, apprennent à lever les yeux au ciel ; soit que l'on admire cette

École d'Athènes, dont les philosophes nous enseignent jusqu'aux rapports et aux secrets les plus cachés de leur doctrine, non seulement par la disposition de leurs groupes, mais par leur attitude et par les plis mêmes de leurs draperies : soit que l'on étudie ce dernier œuvre de la Transfiguration, qui, comme la dernière parole d'un esprit déjà emporté vers le ciel, ne se laisse plus qu'à moitié comprendre par les hommes, tout en les accablant d'émotion et d'harmonie !

Enfin, comme Apelle, Raphaël fut doux et aimable dans sa royauté ; il l'exerça avec politesse parmi ses nombreux élèves ; il la communiqua volontiers à ses rivaux, comme on le sait par les lettres et par les présens qu'il échangeait avec l'Allemand Albert Durer, avec le Bolonais Francesco Francia. Il la soutint par une étude assidue ; et en voyant à Milan, dans la Bibliothèque Ambroisienne, le carton de l'École d'Athènes, on peut estimer tout le travail de son génie, qui trouvait la perfection au septième trait, tandis qu'un artiste vulgaire se serait arrêté, content et épuisé, au second. Mais les passions aussi agitaient cet esprit studieux, et le même sentiment de la beauté qui a rendu son nom immortel a mis à sa vie un terme prématuré. La mort l'a soustrait peut-être aux persécutions qu'Apelle n'évita point : qui peut dire que fra Bastiano del Piombo n'eût pas été pour lui un autre Antiphile, si la nature, bienveillante même dans ses rigueurs, ne l'avait arraché de ce monde, lorsqu'il n'en connaissait encore que les plaisirs et les triomphes ?

Il y a un dernier trait de ressemblance entre Apelle et Raphaël : c'est que tous deux laissèrent des élèves qui soutinrent peu leur gloire. Persée, élève chéri d'Apelle, qui lui avait dédié un Traité sur la peinture, n'a fait remarquer à Pline que sa grande infériorité (1). Un autre disciple du même maître, Ctésiloque, ne sut se distinguer que par des ouvrages plaisans, où il représentait Jupiter en

(1) « Multum a Zeuxide et Apelle abest [...] suos discipulos
« Perseus, ad quem de hac re scripsit [...] » (Hist. nat.
lib. XXXV, [...])

bonnet, enfantant Bacchus, et pleurant comme une femme au milieu des déesses qui faisaient l'office d'accoucheuses (1). Que devint le Fattore après la mort de Raphaël? et Jules Romain ne prostituait-il pas son crayon aux obscénités qui ont perpétué la renommée déplorable de l'Arétin ?

Mais si l'atelier d'Apelle forma des élèves peu illustres, l'Asie du moins avait opposé au maître lui-même et lui vit survivre des peintres justement célèbres, tandis que l'école même de Rome n'a rien produit qui pût partager la renommée de Raphaël tant qu'il vécut, ou la rappeler après sa mort. Cette différence essentielle a une cause manifeste. Les colonies orientales avaient eu dans tous les temps de nombreuses écoles qui, sans doute, avaient communiqué à la Grèce elle-même les semences de l'art, et dont Apelle n'était que la tardive expression ; autour de lui, après lui, le génie de l'Asie était encore plein de vie. Au contraire, Rome, quoiqu'elle eût toujours employé des artistes, les avait tirés presque tous des pays étrangers ; si Raphaël y puisait, après Pérugin, une inspiration originale dans le sentiment d'une race particulière, s'il y trouvait aussi d'admirables modèles dans les antiques, il avait été obligé, pour animer ces élémens, qui devaient devenir stériles après lui, d'emprunter la vie même et le savoir aux autres écoles, tandis qu'Apelle n'avait demandé sans doute que le secret de quelques perfectionnemens aux maîtres d'Athènes et de Sicyone. Mais il existe aussi une autre cause qui avait déjà marqué, entre le prince des artistes grecs et celui des italiens, la seule diversité que je leur trouve. Apelle peignit nue l'Anadyomène, Raphaël peignit la Madone vêtue. Le premier, comme Lucien l'a bien indiqué, se rendit admirable surtout par la beauté des corps ; le second, comme Vasari l'observe, admirable surtout par la beauté des visages, ne fut pas accompli

(1) « Ctesilochus Apellis discipulus petulanti pictura innotuit. » Jove liberum parturiente de picto mitrato, et muliebriter in » gemiscente inter obstetricia dearum. » (Plin , *Hist. nat* , lib. XXXV. c. 40)

même dans les meilleurs nus qu'il a peints (1). C'est l'une des différences fondamentales de l'art grec et de l'art italien. Malgré toutes les libertés de la renaissance, Raphaël était plus retenu à Rome par la pudeur du génie moderne, qu'il ne l'eût été ailleurs. Apelle était, au contraire, plus à l'aise en Asie que dans la Grèce même pour peindre le corps de l'homme sans scrupule et sans voile. Comme l'étude du nu est la base même du dessin, et la première condition de tous les succès, il en résulta que la peinture ne put fleurir à Rome que par l'effet des dons sublimes de Raphaël, et qu'elle brillait au contraire en Orient d'un éclat naturel, même sans le génie d'Apelle, même après lui.

Protogène, dont nous avons déjà prononcé le nom, représenta la gloire des écoles doriennes de l'Asie, tandis qu'Apelle élevait celle des écoles ioniennes de la même contrée. Il était né sur le rivage de la Carie, dans la petite ville de Cannes, sujette de l'île de Rhodes qu'elle regardait; il passa la plus grande partie de sa vie dans cette île, où les Doriens avaient des peintres renommés, un siècle avant qu'on eût prononcé le nom de Polygnote à Athènes. Il eut des commencemens obscurs et difficiles, puisqu'il continua, dit-on, jusqu'à cinquante ans à peindre les vaisseaux, ce qui était une industrie commune parmi les habitans de l'Archipel. Apelle le mit en réputation en achetant ses peintures à haut prix, pour faire honte aux Rhodiens, et en répandant qu'il voulait les revendre comme siennes. On ne sait sous quel maître il étudia, soit qu'il n'en ait eu que d'obscurs, soit même qu'il eût été formé par la nature en peignant ses vaisseaux, où, par la pratique des reliefs, il put apprendre aussi la sculpture, dont il est cité comme ayant laissé quelques monumens remarquables C'est surtout par le travail et par l'application que cet ou-

(1) « Perciochè gl'ignudi che fece nella camera di Torre Borgia, » dove' e l'incendio di Borgo nuovo, ancorchè siano buoni, non » sono in tutto eccellenti. Parimente non sodisfecиono affatto » quelli che furono similmente fatti da lui nella volta del palazzo » d'Agostino Chigi in Trastevere   (Vasari, *Vita di Raffaell* *d'Urbino*)

vrier se rendit fameux (1) : il mit sept ans à faire, sur un
sujet tiré de la vie de Jalysus, ancien héros des Rhodiens, un
tableau devenu célèbre tout à la fois par l'industrie de l'auteur, par un miracle du hasard, par un événement de
l'histoire et par un jugement d'Apelle. L'auteur se nourris-
sant, tant qu'il y eut la main, de lupins bouillis, qui devaient
conserver toute la liberté de son esprit, passa quatre couleurs l'une après l'autre sur son ouvrage, c'est-à-dire,
comme l'a bien remarqué M. de Caylus, le laissa sécher
quatre fois avant de l'achever, pour donner plus de solidité aux couleurs qui devenaient la partie importante. Le hasard fit que, désespérant de peindre avec vérité l'écume de
la gueule d'un chien, il lança de dépit sur le tableau l'é-
ponge qui lui servait à essuyer son pinceau, et qui forma
d'elle-même l'écume que le pinceau ne pouvait pas imiter.
Pendant que Protogène travaillait à ce tableau, suivant
Pline, ou après même qu'il était mort, selon Aulugelle,
le siége fut mis devant Rhodes par Démétrius Poliorcète,
qui épargna ou le faubourg dans lequel peignait l'artiste,
ou la ville même qui renfermait son chef-d'œuvre. Enfin,
lorsque Apelle vit cet ouvrage, après l'avoir beaucoup admiré, il dit que Protogène l'égalait ou le surpassait en tout,
hors dans l'art de quitter à temps un tableau, et que tant
de travail excluait la grâce. C'est sans doute pour le dé-
tourner de ce travail trop minutieux qu'Aristote, dont il
avait peint la mère, lui conseillait de représenter les batailles d'Alexandre, qui auraient un peu animé son pinceau.
Mais Protogène, qui avait commencé tard et qui allait
lentement, n'eut pas le temps de suivre cet avis. Il peignit
seulement quelques figures isolées et au repos (2) avec le
soin scrupuleux qui le caractérisait, et qui, même à travers
l'Archipel, le faisait ressembler certainement aux autres
Doriens de Sicyone et de Corinthe.

Si quelques analogies extérieures nous pouvaient suffire,
nous trouverions une image de cet ami d'Apelle dans un ami
de Raphaël. Comme Protogène, le Bolonais Francesco Rai

____

(1) « Cora Protogenes » (Quint., lib. XII, c. 10.)
(2) Plin., Hist. nat., lib. XXXV, c. 36.

Sotin, surnommé Francia du nom de l'orfèvre dont il avait
d'abord été l'élève, préluda par un métier à l'exercice de
l'art, et devint tard un peintre, puisque c'est seulement
à quarante ans qu'il composa son premier tableau; il reçut
du divin artiste d'Urbin des éloges qui rappellent ceux qui
furent donnés à Protogène par l'artiste d'Éphèse. Il ne fut
pas seulement loué par Sanzio, il lui ressembla, sans l'imiter, par la grâce fine et recueillie de ses Vierges, qui, après
avoir été admirées de ses contemporains, sont demeurées
pendant près de deux siècles comme inconnues à l'Europe.
Ce maître délicat a retrouvé dans notre époque de justes
appréciateurs; mais s'il rivalisa de finesse avec Raphaël, il
n'en connut ni la variété ni la science; et quoiqu'il peignit avec un soin qui peut rappeler la patience de Protogène, il était certainement éloigné de l'imitation parfaite
qui fit de ce grand peintre de Rhodes un des artistes les
plus fameux de l'époque savante d'Alexandre.

Après Protogène, il y eut encore un grand peintre
chez les anciens. Nicomaque a été comparé à ce qu'il
y a de plus illustre dans l'histoire de l'art et du génie
humain; il était fils et disciple d'Aristodème, qui ne
peut être que ce Carien dont Philostrate raconte que l'antiquité possédait, non seulement de beaux tableaux, mais
encore une histoire complète de la peinture. S'il eût été
fils d'Aristodème l'Athénien, il aurait été frère du célèbre
peintre Nicias, et aurait été compté par Plutarque, à côté
de celui-ci, parmi les hommes qui ont rendu Athènes
illustre dans les arts de la paix. Il faut donc croire qu'il
appartenait aussi à ces écoles orientales dont Parrhasius,
Apelle et Protogène nous font connaître la gloire, mais
dont il sera pour nous toujours également difficile de pénétrer et le commencement et la fin. Placé immédiatement à
côté d'Apelle, dans les passages de Cicéron et de Pline que
nous avons souvent cités, et qui le montrent comme ayant
atteint la perfection par la juste union du coloris et du
dessin, il se distingua entre ses émules par une rapidité
d'exécution dont on rapporte des exemples curieux. C'est
aussi lui qui dit un mot qui le premier plaçait la tête d'Élysée

onnet plat et velu des marins qui sert encore aujourd'hui
le caractériser. Il était du nombre de ceux dont les ouvrages, recherchés par les conquérans de la Grèce, allaient
orner les plus beaux temples de Rome. Malgré sa grande
facilité, qui faisait comparer ses ouvrages à ceux d'Homère
par Plutarque lui même, il est compté par Vitruve entre
les artistes qui n'ont pas joui de toute leur renommée,
pour n'avoir pu vaincre tous les obstacles que la médiocrité
de leur fortune leur opposait.

Au-dessous de Nicomaque se place un autre artiste
qui a joui, comme lui, d'une facilité célèbre (1), et qui
appartient aussi aux écoles d'Orient. Antiphile, le ca-
lomniateur d'Apelle, s'est rencontré avec lui dans quelques textes de l'antiquité. Selon le témoignage exprès
de Pline, il était né en Egypte, et fut élève de Ctési-
dème, dont il est difficile de fixer l'origine. Comme les
autres artistes de cette époque, il peignit et Philippe et
Alexandre sous toutes les formes et à tous les âges; d'a-
près l'indication de quelques autres tableaux qui lui sont
attribués, on voit que son talent était particulièrement
porté aux représentations réelles. Il avait peint un enfant
qui soufflait le feu, de manière à éclairer par les reflets sa
figure, tandis qu'une autre lumière éclairait toute la maison (2); un atelier, où l'on voyait la foule des femmes travailler la laine avec vivacité (3); une chasse de Ptolémée (4), et une figure plaisante de ce compagnon d'Ulysse
qui, changé en pourceau par Circé, ne voulait plus reprendre sa forme humaine; il avait su rendre ce personnage si bouffon, que de son nom de Grylle on appela tout
un genre de peintures qui ne pouvait consister qu'en une

(1) « Facilitate Antiphilus est præstantissimus. » (Quint..
lib. XII, c. 10.)

(2) « Antiphilus puero ignem conflante laudatus, ac pulchra
« alias domo splendescente, ipsiusque pueri ore. » (Plin.. *Hist.
nat.*, lib XXXV, c. 40.

(3) « Item lanificio, in que properant omnium mulierum
« pensa. (Ibid.

(4) Ptolemæo venante. (Ibid).

série de métamorphoses burlesques, telles qu'on en a vu reparaître de nos jours (1). Par cette imitation réelle et comique de la nature, les écoles orientales semblent avoir clos leur existence au moment même où Apelle élevait leur gloire au plus haut degré. Ainsi l'école de Raphaël périt avec lui, et il n'en resta guère que ce goût d'arabesques qu'il avait développé.

Nous ne chercherons pas à faire d'autres rapprochemens entre ces peintres qui étaient dispersés dans la grande étendue de l'Asie, des îles et de l'Égypte, et ceux qui vivaient, au contraire, resserrés au milieu des populations misérables de l'Italie méridionale. Il est évident que pour le nombre, sinon pour l'éclat, la comparaison ne pourrait plus être soutenue. Il doit nous suffire d'avoir montré, par les analogies les plus surprenantes, que sur les côtes de l'Asie, chez les anciens, et au midi de la péninsule, chez les modernes, s'élevèrent des génies fraternels qui recomposèrent l'idéal libre et nouveau de la beauté, tandis que partout autour d'eux, après avoir peu à peu substitué à l'idéal antique et sacerdotal le culte de la nature, les artistes des autres écoles demeuraient enchaînés à une imitation exacte, ou ne s'élevaient au-dessus d'elle que par une imitation savante, empreinte de l'intelligence de l'homme, mais étrangère au don divin de la grâce.

(1) « Idem jocoso nomine Gryllum ridiculi habitus pinxit. » Unde hoc genus picturæ vocantur grylli. — (Ibid.)

CHAPITRE DIX-NEUVIÈME.

Quatrième et dernière époque.

Quintilien, qui, en peu de mots, a donné l'idée la plus juste du développement de l'art grec, dit que la belle époque de la peinture commença vers le temps de Philippe, et se prolongea jusqu'à celui des successeurs d'Alexandre (1). La plupart des illustres génies que nous avons rangés dans la troisième époque ont brillé en effet sous Philippe et sous son fils ; quelques uns ont vécu aussi, après le partage de l'empire d'Alexandre, sous ses généraux couronnés. Ces derniers artistes ont clos le beau siècle ; après eux paraissent cependant, en nombre considérable, des peintres dont nous voyons les ouvrages payés encore très chèrement, même beaucoup vantés, mais privés des grands caractères de l'époque précédente. Ils ont été cités par Pline dans une longue nomenclature, où ils sont entassés pêle-mêle, comme des gens fort estimables, sur lesquels toutefois on n'a plus rien à dire ; ils forment la quatrième époque, et puisqu'il faut le déclarer enfin, l'époque de la décadence, se relevant quelquefois par des efforts laborieux, puis retombant dans une défaillance plus pénible, jusqu'à ce que Pline se plaigne de faire l'histoire d'un art qui n'est plus (2). A la différence de quelques uns de nos contemporains qui attendent, pour s'enthousiasmer, précisément cet instant fatal où tout commence à décliner, nous n'avons jamais eu de goût pour le spectacle de la décadence ; et si nous poursuivons, au-delà du terme où nous sommes parvenu, le

(1) « Floruit autem circa Philippum , et usque ad successores Alexandri pictura » (Quint. , lib. XII , c. 10.)

(2) « Hactenus dictum sit de dignitate artis morientis » (Plin., Hist. nat. , lib. XXXV , c. 11.)

parallèle de la peinture grecque et de la peinture italienne, c'est pour montrer, en peu de mots, combien les anciens ont traité raisonnablement des artistes dont les analogues ont été placés au premier rang des modernes par les critiques du dernier siècle, et même encore par quelques uns du siècle présent.

Néalce est un des peintres les plus loués de la dernière époque ; nous apprenons de Plutarque que, contemporain d'Aratus, et sans doute, comme lui, habitant de Sicyone, il florissait vers la cent vingt-neuvième olympiade, trente ou quarante ans après la mort d'Apelle (1). Il passait pour un artiste habile et spirituel (2). Ainsi, ayant voulu représenter un combat naval engagé entre les Perses et les Egyptiens, pour faire comprendre que le Nil, et non pas la mer, était le lieu de la scène, il avait représenté sur le rivage un âne qui buvait, et que guettait un crocodile. Il attaquait encore les plus beaux sujets, puisqu'il peignait Vénus; il cherchait surtout l'exacte imitation, puisque, désespérant un jour de peindre l'écume d'un cheval, il jeta son éponge que le hasard conduisit aussi heureusement que celle de Protogène. La peinture inspirait encore alors à Sicyone des vocations extraordinaires : Erigone, broyeur de couleur dans l'atelier de Néalce, y fit tant de progrès dans son art, qu'il forma lui-même un élève célèbre, Pasias. Tout en continuant à peindre exactement la nature, les artistes devenaient des gens d'esprit. Théon, qui, vivant dans l'île de Samos, en face de la côte d'Ionie, doit être compté parmi les peintres asiatiques, est cité pour le charme piquant de ses compositions, à côté même d'Apelle, par Quintilien, qui était d'un siècle où l'on devait beaucoup estimer ce genre de mérite. Cent ans après l'époque d'Aratus et de Néalce, l'esprit s'était singulièrement développé dans les ateliers de la Grèce ; c'est alors que le vainqueur du dernier roi de Macédoine, Paul Emile, ayant demandé aux Athéniens le premier de leurs philosophes pour instruire ses enfans, et un excellent peintre pour

(1) Plut., *Vie d'Aratus.*

(2) « Nealces ingeniosus et solers in arte. » Plin., *Hist. nat.,* lib. XXXV, c. 40.

travailler à la décoration de son triomphe, les Athéniens
lui donnèrent Métrodore, qui était, en effet, éminemment
propre à satisfaire ses deux souhaits. Je me persuade volontiers que ces peintres faisaient de trop beaux raisonne-
ments pour qu'ils pussent faire de belle peinture.

Les Macédoniens avaient ravivé l'art en Asie et en
Egypte ; ils l'avaient répandu dans le nord de la Grèce ;
les Romains ajoutèrent à sa diffusion. Cent ans après
Paul Emile et Métrodore, au temps de César, un peintre
qui était né à Byzance, et qui, peut-être, y avait sa demeure, Timomaque, peignait des ouvrages remarquables,
que le dictateur payait comme des chefs-d'œuvre de la
grande époque, et qu'il consacrait dans les temples de
Rome : c'étaient la fureur d'Ajax, les meurtres sacriléges
de Médée, dont la poésie a également blâmé le sujet et
loué l'exécution. La Gorgone était le chef-d'œuvre de cet
artiste, qui cherchait à produire des émotions dignes du
terrible génie de Rome. Timomaque, qui exagérait ainsi
l'expression, imitait encore la nature avec force ; quelques
unes de ses figures semblaient sur le point de parler. Un
neveu d'Ennius, Pacuvius, secondant cette sorte de renaissance, dont son oncle avait donné le signal, avait imité
à Rome, tout à la fois, les tragédies et les peintures de la
Grèce, dès le siècle des Scipions. Au siècle de César, l'art
s'était répandu de Rome vers les provinces du nord ; Pline
citait de son temps un chevalier romain de la Vénétie qui
avait orné Vérone de beaux ouvrages exécutés de la main
gauche, et le vieil artiste Labéon, qui avait dû porter jusque dans la Gaule Narbonnaise, dont il était proconsul, un
talent plus propre, il est vrai, à inspirer la raillerie que
l'admiration. Les Romains employèrent la peinture d'abord
à dresser des généalogies, ensuite à représenter aux yeux du
peuple les victoires des généraux et les combats du cir-
que, enfin à décorer les maisons où l'or et le marbre lais-
saient quelques places vides. Il y avait cependant encore
parmi eux des gens qui prenaient cet art expiré au sérieux.
Si Arellius, qui était le grand artiste du règne d'Auguste,
scandalisait les Romains en peignant les déesses sous les
traits de ses maîtresses. Amulius, le peintre de Néron,

véritable éclectique, passant du sévère au fleuri, ne travaillait jamais que revêtu de sa toge, même quand il était sur l'échafaud. Pline, qui nous a laissé ces détails piquans, nous donne assez à entendre que tous ces artistes faisaient de grands efforts pour saisir la manière des anciens, et y réussissaient fort peu (1).

L'imitation de la nature, qui, de plus en plus appesantie, avait aboli le grand style, était arrivée à de singulières extrémités, même au beau temps de la Grèce. Pyrèïcus, qui, si nous suivons l'ordre de Pline, devait vivre au siècle d'Alexandre, se rendit fameux en peignant des boutiques de barbier, de cordonnier, des ânes, des provisions de cuisine, et autres choses semblables, ce qui l'avait fait surnommer Rhyparographe, c'est-à-dire peintre de sujets abjects : il y excellait. Après lui, des artistes, qui ne l'égalèrent point, laissèrent une multitude de petites scènes familières ou comiques, dont les peintures du musée de Naples nous offrent un assez grand nombre d'imitations curieuses. On ajouta même un tel prix à ces petits tableaux, que Denys, pour ne pas savoir y plier un talent consacré à la représentation de la figure humaine, fut surnommé anthropographe, comme si c'était une imperfection (2). Un seul artiste est cité par Pline comme ayant retracé des scènes de la nature. C'est ce Ludius qui, sous Auguste, passa pour avoir inventé l'art de décorer les murailles des appartemens, en y peignant maisons de plaisance, portiques, arbrisseaux taillés, bosquets, forêts, collines, bassins, rivières, ports, villes entières, avec l'accompagnement de figures occupées à toutes sortes de travaux et formant mille groupes agréables. Mais les murs d'Herculanum et de Pompeï, où l'on a retrouvé ce genre de décoration, moins varié, il est vrai, et moins mêlé de personnages que dans la description de Pline, nous montrent assez ce qu'ont pu être les paysages des anciens. Soit que la peinture fût toujours dominée par la sculpture, sur laquelle cependant elle prend

(1) « Priscus *antiquis* similior. » (Plin., *Hist. nat.*, l. XXXV, c. 37.)

(2) Plin. *Hist. nat.*, lib. XXXV, c. 37.

évidemment le pas dans les ouvrages de Cicéron, de Quintilien et de Pline, soit que ce coloris obcur des Sicyoniens,
qui finit par prévaloir, ne se prêtât point à rendre une nature
qui était tout éblouissante de lumière, et qui, à cause de cela
même, ne se laissait pas observer et ne pouvait pas être reproduite, il est certain que les Grecs, quoique instruits par
la géométrie des règles de la perspective, pensèrent peu à les
appliquer à la représentation des sites de leur beau pays.

Voilà tout ce qu'on peut remarquer d'intéressant dans la
nomenclature des peintres que Pline a relevés dans l'histoire
de la décadence de l'art. Trois siècles écoulés depuis la mort
d'Alexandre jusqu'à celle d'Auguste avaient suffi pour
amener la peinture à son dernier jour. Ils avaient vu cependant se produire des artistes et des ouvrages dont l'é-
crivain romain avait pu faire une longue liste, en leur
donnant fréquemment les épithètes de magnifiques et d'admirables ; mais lorsqu'on veut presser les expressions du
critique, on voit que tout ce qu'il dit se réduit à déclarer
qu'on trouve dans les œuvres de cette époque de l'esprit
et une imitation tour-à-tour outrée et mesquine de la nature. Pline ne cite ni Néalce ni Timomaque comme les
modèles du goût, et ce n'est pas à propos de ces artistes
dégénérés qu'il prodigue les hautes théories de l'art.

Nous n'avons pas toujours été aussi sages en parlant des
ouvrages, sans doute fort remarquables, qu'ont produits
les trois siècles qui seront bientôt écoulés depuis la mort
de François Ier. Il faut savoir reconnaître tout ce que cette
longue époque a vu paraître d'artistes dignes d'éloge ; mais
il est à craindre qu'on ne soit tombé si bas au-dessous
d'eux que parce qu'on les avait mis eux-mêmes au-dessus
des grands, des véritables modèles que les Grecs devraient
nous apprendre aujourd'hui à choisir et à respecter. Les
Carrache sont, sans doute, d'illustres génies, dont on
doit peut-être admirer les œuvres et l'école : même ceux
qui les ont tant vantés, tout en ayant le tort de les
proposer comme la règle suprême, n'ont-ils pas assez
compris tout leur mérite. Le vieux Louis Carrache, qui,
avant de devenir un maître célèbre, fut, dit-on, comme

Erigone chez Néace, broyeur de couleurs chez le Tintoret, a, dans sa couleur obscurcie à plaisir, je ne sais quoi de désolé et d'austère où l'on ne peut s'empêcher de reconnaître l'effet d'un sentiment élevé de l'art: la *Vocation de S. Matthieu*, et la *Conversion de S. Paul*, qu'on admire au musée de Bologne, deviennent véritablement pathétiques par l'âpreté même du sombre coloris qui en enveloppe les corps rudes et tourmentés. Augustin Carrache, que son cousin envoya étudier les œuvres du Corrège à Parme, a laissé, dans les jardins des Farnèse, quelques fresques où l'on est surpris de retrouver la mythologie antique interprétée avec un goût poétique, brillant, voluptueux, qui a de quoi charmer notre siècle, prévenu cependant contre ces séductions. Le frère d'Augustin, Annibal, qui est la grande gloire de cette famille, paraît tout-à-fait digne du beau siècle, lorsqu'on étudie les peintures dont il a décoré, à Rome, la voûte du palais Farnèse : la Galatée, qu'il y a représentée avec un feu admirable, a de quoi étonner, même après celle que Raphaël a peinte si belle et plus pure à la Farnésine ; elle témoigne d'un art qui donne plus à la passion, et qui, tout en se relâchant de sa sévérité, a peut-être encore ajouté quelque chose à la science. Les disciples illustres de ces restaurateurs de la peinture offrent aussi des beautés que l'exagération des enthousiastes ne doit pas nous empêcher de reconnaître. Le Guide semble s'être proposé d'émouvoir, comme Louis, par la couleur, comme Annibal, par le dessin ; le plus excellent des éclectiques, il mêle habilement les deux parties de l'art, et à cette union il joint encore celle de l'élégance et de la majesté, qui, par leur rencontre, impriment à tout ce qu'il a touché un caractère unique et surprenant. Il ne peint plus le Christ radieux et dans la gloire ; il le couronne d'épines, il l'attache à la croix, trouvant pour les tragédies du christianisme des couleurs à la fois désolées et fondues qui inspirent une terreur mêlée de tendresse. De même si, à la voûte du palais Rospigliosi, il représente le chœur des Heures rangées autour du char du Soleil, il sait ajouter à leur brillant éclat je ne sais quelle grandeur hardie qui étonne et qui charme tout ensemble. Le Guerchin, sans s'élever aussi haut, sait dérouter le regard en variant le sombre coloris de Louis Carrache, et en l'employant à rendre parfois avec noblesse une réalité fortement caractérisée. Le Dominiquin, plus indécis entre tous les modèles que ses maîtres lui ont appris à étudier, mais aussi quelquefois plus heureux, lutte avec le Guide dans les peintures des chapelles de Saint-Grégoire, se soutient à sa hauteur dans les grandes fresques de Saint-André della Valle, le surpasse enfin dans ce magnifique ouvrage de la Communion de S. Jérôme, qu'on a eu raison de placer au Vatican en face de la Transfiguration de Raphaël, pour qu'on pût voir ensemble ce qu'ont produit de plus beau, à un siècle de distance, le génie de l'étude et la réflexion du génie. Nous admirons ces artistes et les efforts qu'ils font pour atteindre à une vérité plus animée et plus exacte ; mais nous conservons des lettres où leur esprit exercé s'épanche mieux encore que dans leurs peintures. Tandis que leur pinceau s'acharne à lutter avec la nature, leur intelligence, qui se développe, cherche, pour se produire, des moyens qui la fassent briller toute seule : elle est ingénieuse à se substituer à l'inspiration dans leurs tableaux, et, non contente encore de s'y faire reconnaître, elle déborde et exprime, par les raffinemens de la théorie et de l'esprit, les idées qu'elle a trop bien analysées déjà pour leur donner les formes de l'art. Ne prenons donc jamais pour les maîtres de l'art ces hommes qui, par une fatalité singulière, en ont épuisé la force, au moment même où ils en relevaient la spéculation.

La dispersion fut consommée par la conquête chez les modernes comme chez les anciens. Les Espagnols furent les premiers qui, en Andalousie et dans le foyer plus vivace de la Flandre, montrèrent jusqu'où ils pouvaient porter l'art qu'ils avaient étouffé en Italie sous les pas de leurs armées. Velasquez et Rubens, qui allèrent étudier tous deux les pratiques des Vénitiens, n'ont pas été sans doute plus grands parmi les modernes que ne l'était, chez les anciens, ce Timomaque descendu de Byzance à Sicyone

et à Athènes par le chemin que les Macédoniens avaient
enseigné depuis longtemps. Après l'Espagne, la France,
lorsqu'au dix-septième siècle elle eut relevé les nations
de la servitude pour les associer en liberté, alla demander à l'Italie le goût et les modèles de l'art de peindre. Il
semble qu'elle fut plus heureuse dans ses emprunts que
Rome ne l'avait été autrefois dans ceux qu'elle avait faits à
la Grèce : et au lieu de ce Ludius qui affaiblissait la peinture hellénique, en la répandant sans discernement sur
les murailles de toutes les maisons, elle eut son Poussin,
qui, se bornant au contraire à de petits cadres et à des
compositions réfléchies, fondait une sorte d'art spirituel
accommodé à notre nation, et retrouvait quelquefois le
sentiment de l'art antique. La Hollande, qui avait participé
tout ensemble au raffinement des méthodes apportées en
Flandre par les Espagnols, et à l'esprit de la France, montrait son caractère dans ces petites représentations comiques où Pyréicus s'était autrefois signalé, et atteignait à
la gloire véritable, en reproduisant avec amour les sites de
ce sol pour la liberté duquel elle avait répandu son sang
héroïque. Les Italiens, qui décroissaient sensiblement tandis que les peuples étrangers se formaient ainsi à leur
école, avaient, plus heureux en deux points que les Grecs,
abandonné complétement à la Hollande les scènes burlesques, et rivalisé avec elle par les admirables paysages de
Salvator Rosa. En s'appliquant surtout à une l'expression
sur le visage de l'homme, les peintres modernes avaient
fini par comprendre celle qui se trouve aussi sur la face
auguste et variée de la nature : en sorte que c'est peut-
être pour avoir au moins bien représenté que les anciens
les harmonies de notre corps, que l'on est mieux rendu
celles de l'univers.

Ainsi les nations modernes s'étaient approché de l'art ancien
de l'Italie, comme les premiers peintres avaient fait de
celui de la Grèce : mais elles n'ont pas gardé pour cet art
si illustre le respect inaltérable que les anciens ont toujours
témoigné pour le leur. Salvator Rosa lui-même a hau-
prix les ouvrages des maîtres qui l'avaient précédé dans leurs
temples, dans leurs villes, et leurs jardins, qui existaient

ceux d'Apelle, d'Euphranor et de Mélanthe, ils y plaçaient aussi ceux de Polygnote (1), de Zeuxis (2), de Parrhasius (3), de Timanthe (4). Lorsque le grand homme qui a renouvelé chez nous l'image de César nous livra par ses victoires les richesses de l'Italie, on transporta au Louvre les beaux ouvrages du Guide, du Dominiquin, des Carrache, avec les chefs-d'œuvre de Raphaël, de Léonard, de Titien; mais qui pensa à Giotto, à Masaccio, à Filippo Lippi, à Pérugin, à Luca Signorelli? Quintilien nous a appris que de son temps on allait jusqu'à préférer la rude simplicité des premiers maîtres de l'art, à la beauté des grands peintres qui avaient atteint la perfection. Comment traite-t-on, de nos jours, les hommes qui ont le courage de ne pas applaudir à la décadence, et de demander qu'on reporte aux précurseurs des peintres accomplis l'admiration qu'on prodigue communément aux déserteurs de leurs exemples? Aristote accordait tout son enthousiasme à Polygnote, et se taisait même sur Apelle. Que pense-t-on chez nous des critiques qui, à genoux devant Raphaël, se souviennent cependant de Giotto? Les anciens faisaient consister le bel effort de l'art dans sa création autant que dans son perfectionnement. Les modernes ne l'ont placé longtemps que dans sa dégradation, consentent à peine à le voir dans sa perfection, et n'ont que du mépris pour ses commencemens. Il était temps de montrer combien nous égare une fausse délicatesse par laquelle nous pensons nous rapprocher de l'antiquité, et que condamnent au contraire tous ses goûts et tous ses exemples.

La théorie ajoute sa force aux comparaisons de l'histoire, pour nous faire embrasser la défense de nos Polygnote, de nos Zeuxis et de nos Parrhasius. L'art commence par une image où l'idée qu'il exprime est mieux accusée que la

(1) Un soldat de Polygnote était placé d'abord devant la Curie, puis au portique de Pompée.

(2) L'Hélène de Zeuxis était sous les portiques de Philippe; son Marsyas enchaîné, au temple de la Concorde.

(3) Le Thésée de Parrhasius était au Capitole; son Archigalle dans le palais de Tibère, qui le préférait à tout.

(4) L'Ajax de Timanthe était dans le temple de la Paix.

forme qu'il imite ; il finit au contraire par une représentation où la forme reproduite importe plus que l'idée rendue.
Il contient plus de l'homme au principe , plus de la nature à l'issue. Mais ce n'est pas la seule raison qui doive
nous faire préférer les débuts à la fin. Dans le commencement, l'idée que la religion a faite toute-puissante mo-
difie, pour s'exprimer, les lignes de la forme imitée, et se
peint ainsi dans ce qui fait le fond même de l'imitation.
Au dernier terme , au contraire , l'idée que la philosophie
ramène avec une force toute subtile, mais à laquelle elle ne
donne pas ordinairement le droit de violer la nature elle-
même , se traduit par des efforts déliés de l'esprit , sans
affecter l'essence de la forme représentée; et elle s'exprime
ainsi par les circonstances de la représentation, et non plus
par ce qui en compose la substance. Il est bien évident cependant que l'art est la pénétration intime des deux élémens, qu'il emprunte au monde idéal et au monde sensible.
Tant que dure la lutte dans laquelle leur fusion s'accomplit, soit qu'en modifiant les abréviations de l'ère sacerdotale on s'avance à la conquête des formes naturelles,
soit que de l'imitation de la nature on s'élève, par un
système de contractions nouvelles, à l'expression d'un nouvel idéal, l'art est composé, dans des proportions inégales,
qui font ses phases différentes, des deux parties qui
sont nécessaires à sa constitution; pendant ces diverses époques les générations se transmettent avec respect les modifications suivies que le génie de l'homme fait d'autorité
dans les représentations de la nature. Mais lorsque le
principe de l'imitation absolue est proclamé, lorsqu'au
nom de ce principe chaque artiste, armé d'un pinceau et
ouvrant les yeux sur le spectacle de l'univers, croit que
tout le talent consiste à en produire une copie exacte,
alors les traditions qui, par l'effort continu des âges,
avaient attaché l'expression de la pensée aux inflexions mêmes
du dessin, sont méconnues et dissipées : alors l'esprit humain, dont cependant l'activité s'est accrue, ne trouvant plus à la satisfaire dans la partie sérieuse de l'art d'où
il est exclu, se joue dans les parties accessoires par mille
subtilités superflues d'abord, puis funestes, jusqu'à ce

que, lassé de ces jeux subalternes, inutiles et contraints,
il ôte à la peinture déchue son dernier appui en se retirant
complétement d'elle, pour répandre toute sa liberté et
toute sa puissance dans les formes purement intellectuelles
de la parole.

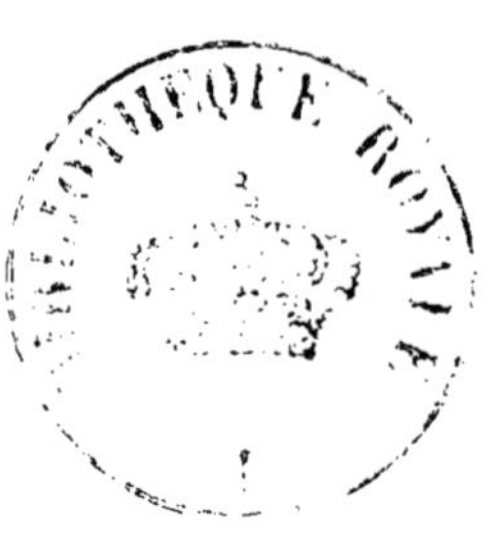

FIN.

SOMMAIRE.